Quase VEGETARIANO

Compartilhe a sua opinião sobre este livro usando a hashtag **#QuaseVegetariano** nas nossas redes sociais:

/EditoraAlaude
/EditoraAlaude
/AlaudeEditora

O texto deste livro foi fixado conforme o acordo ortográfico vigente no Brasil desde 1º de janeiro de 2009.

EDIÇÃO ORIGINAL: BAUER MEDIA BOOKS
Publisher: Jo Runciman
Diretora editorial e de gastronomia: Pamela Clark
Diretor de vendas, marketing e direitos: Brian Cearnes
Diretora de arte e designer: Hannah Blackmore
Editora sênior: Stephanie Kistner
Editora de gastronomia: Sophia Young
Desenvolvimento de receitas: Rebecca Hendricks, Olivia Andrews, Charlotte Binns-McDonald, Jane Howard, Elizabeth Macri, Alice Storey
Diretor de operações: David Scotto
Fotografia: William Meppem
Produção de objetos: Vivien Walsh
Produção culinária: Dominic Smith

PRODUÇÃO EDITORIAL: EDITORA ALAÚDE
Coordenação: Bia Nunes de Sousa
Tradução: Carla Melibeu
Preparação: Patricia Vilar (Ab Aeterno)
Revisão: Claudia Vilas Gomes, Rosi Ribeiro Melo
Adaptação de capa e projeto gráfico: Rodrigo Frazão
Impressão e acabamento: EGB - Editora e Gráfica Bernardi

1ª edição, 2018
Impresso no Brasil

2018
Alaúde Editorial Ltda.
Avenida Paulista, 1337, conjunto 11
São Paulo, SP, 01311-200
Tel.: (11) 5572-9474
www.alaude.com.br

Dados Internacionais de Catalogação na Publicação (CIP)
(Câmara Brasileira do Livro, SP, Brasil)

Quase vegetariano; [diretora editorial e de gastronomia Pamela Clark; tradução Carla Melibeu]. --
São Paulo: Alaúde Editorial, 2018.
Título original: Almost vegetarian.

ISBN 978-85-7881-528-8

1. Culinária (Receitas) 2. Culinária (Vegetais) 3. Culinária vegetariana 4. Gastronomia
I. Clark, Pamela.

18-15229 CDD-641.5

Índices para catálogo sistemático:
1. Receitas culinárias : Gastronomia 641.5

Quase VEGETARIANO

receitas criativas
para quem quer
comer menos carne
e mais vegetais

EDITORA ALAÚDE

SUMÁRIO

MENOS CARNE, MAIS VEGETAIS 6

Quase vegetariano 9

PARA OS PESCETARIANOS 55

SEGUNDAS SEM CARNE 99

VEGETARIANO TODO DIA 149

Vegano todo dia 195

GLOSSÁRIO 234

ÍNDICE 238

Menos carne, MAIS VEGETAIS

As pessoas adotam uma alimentação vegetariana por diversas razões: ética, saúde e muitas outras. Dentro do universo do vegetarianismo, há vários subgrupos. O grupo mais comum é o dos ovolactovegetarianos, que consomem ovos e derivados do leite. Há também os lactovegetarianos, que consomem derivados do leite, mas se abstêm de ovos; e também os ovovegetarianos, que consomem ovos, mas não os derivados de leite. Os veganos são os vegetarianos mais rigorosos: não consomem nada de origem animal, incluindo ovos, derivados de leite e até mel. Existe, no entanto, um novo grupo de vegetarianos mais flexíveis (flexitarianos), que consomem carnes brancas ou peixes (os pescetarianos), mas ainda se consideram vegetarianos.

Por que ser vegetariano?

O reino vegetal, que engloba plantas e sementes, oferece uma variedade infinita de possibilidades e, de quebra, causa um impacto menor no planeta. Os adeptos da alimentação vegetariana e vegana também tendem a pesar menos que os onívoros – que comem carne, além de vegetais – e apresentam um risco menor de desenvolver diabetes do tipo 2, doenças cardiovasculares e alguns tipos de câncer.

O motivo para esses bons resultados é que a alimentação vegetariana balanceada inclui uma ampla gama de vegetais e de fibras, fora o fato de quase sempre ser pobre em gordura. No entanto, como qualquer tipo de dieta, há risco de desequilíbrio se ela for muito carregada em laticínios e alimentos ricos em gordura ou açúcar.

Para seguir uma alimentação vegetariana bem balanceada, não deixe de incluir vários tipos de hortaliças coloridas, leguminosas, sementes e oleaginosas (e derivados do leite, caso não tenha restrições):

Cálcio mineral abundante em laticínios; para compensar sua carência, o vegano deve incluir muitas verduras de cor verde-escura (couve, agrião etc.), derivados de soja (tofu e leite de soja), gergelim e cereais matinais enriquecidos com cálcio.

Vitamina B12 é necessária para a formação de células sanguíneas saudáveis e para a prevenção de anemia; como as únicas fontes dessa vitamina são de origem animal, quem não consome carne deve buscar alimentos enriquecidos com essa vitamina ou tomar suplementos.

Ferro o organismo absorve mais rápido o ferro de origem animal do que o de fontes vegetais. Como as fontes vegetais de ferro não são biodisponíveis, o vegetariano deve ingerir o dobro de alimentos ricos em ferro para compensar. As melhores fontes são verduras verde-escuras, leguminosas, frutas secas e cereais matinais enriquecidos com ferro. Uma forma de melhorar a absorção do ferro de origem vegetal é consumir esses alimentos junto com alimentos ricos em vitamina C, como frutas cítricas, morango, tomate e couve.

Zinco é outro mineral que, assim como o ferro, também não é tão bem absorvido se vier de fontes vegetais; as melhores fontes são as carnes vermelhas e os frutos do mar. O vegetariano deve incluir na alimentação grãos integrais, oleaginosas, sementes de abóbora, soja e gérmen de trigo.

As **necessidades proteicas** do vegetariano são facilmente preenchidas se incluir oleaginosas, legumes, sementes e grãos integrais na alimentação.

Os **ácidos graxos de ômega-3** mais facilmente assimiláveis são os dos peixes e ovos; outras boas fontes são linhaça, chia, nozes e sementes de abóbora.

O **iodo** é necessário para a boa saúde da tireoide, que auxilia no metabolismo. Para quem não consome frutos do mar, pode haver certa dificuldade de obter iodo na quantidade adequada, ainda mais considerando que alguns alimentos vegetais apresentam um composto que inibe a sua absorção. Algas marinhas como nori, wakame e kombu são boas fontes de iodo. Outra forma de compensar essa carência é consumir sal iodado.

O REINO VEGETAL, QUE ENGLOBA PLANTAS E SEMENTES, OFERECE UMA VARIEDADE INFINITA DE POSSIBILIDADES, E, DE QUEBRA, CAUSA UM IMPACTO MENOR NO PLANETA.

Como fazer a transição

Assim como toda novidade, permitir-se um período de transição aumenta as chances de conseguir fazer uma mudança duradoura. Foi pensando nisso que criamos o capítulo Quase vegetariano. Nele, as receitas levam pouca carne, e os protagonistas são as hortaliças, as leguminosas e os grãos integrais. Da mesma forma, no capítulo Para os pescetarianos apresentamos receitas de base vegetal com pequena quantidade de peixes e frutos do mar. O capítulo Segundas sem carne traz várias receitas de pratos nutritivos (ovolacto) para os onívoros que queiram deixar a carne de lado uma vez por semana; o Vegetariano todo dia traz receitas fáceis com laticínios e ovos, porém sem carne, que você pode consumir todos os dias. E, se você já estiver preparado para dar o salto e parar de comer carne, laticínios e ovos, o capítulo Vegano todo dia é a escolha certa. E com direito a receitas de doces!

Quase VEGETARIANO

Ideal para o onívoro que quer incorporar mais vegetais à dieta. As receitas deste capítulo pedem mais alimentos de origem vegetal e uma pequena quantidade de carne branca.

Congee de arroz integral COM ALHO FRITO

PRÉ-PREPARO + COZIMENTO 2 HORAS 25 MINUTOS **PARA** 6 PESSOAS

A fritura realça a doçura natural do alho, mas cuidado para não deixar queimar, pois ele pode ficar amargo.

6 dentes de alho

1,75 litro (7 xícaras) de água

2 xícaras (500 ml) de caldo de legumes (ver receita na p. 40) ou galinha

1½ xícara (300 g) de arroz integral

2 colheres (sopa) de gengibre fresco bem picado

4 cebolinhas cortadas em fatias finas

200 g de filé de peito de frango caipira

½ xícara (125 ml) de óleo vegetal

2 colheres (sopa) de molho tamari

½ xícara de coentro fresco

2 colheres (chá) de gergelim torrado

1 Pique 1 dente de alho em pedaços bem pequenos; corte os demais em fatias finas.
2 Em uma panela grande, leve ao fogo a água, o caldo, o arroz, o alho picado, o gengibre e ¼ da quantidade de cebolinha. Deixe levantar fervura. Adicione o frango e ferva novamente. Reduza o fogo. Com a panela semitampada, cozinhe o frango, em fogo brando, por 12 minutos, ou até que cozinhe por completo. Retire o frango do caldo e deixe esfriar por 10 minutos. Desfie o frango.
3 Devolva o caldo ao fogo para levantar fervura. Reduza o fogo. Com a panela semitampada, cozinhe o arroz, em fogo brando, por 1h30 ou até que o arroz desmanche e forme um mingau.
4 Leve uma panela pequena ao fogo médio. Esquente o óleo. Frite o alho fatiado por 1 minuto ou até que ele comece a soltar seu aroma. Retire o alho e coloque em papel-toalha para retirar o excesso de óleo. Reserve o óleo da fritura.
5 Junte o frango desfiado e o molho tamari ao mingau de arroz ainda no fogo; mexa para esquentar os ingredientes. Antes de servir, finalize o congee com alho frito, coentro, gergelim e o restante da cebolinha. Regue com o óleo reservado (da fritura do alho).

Sugestão Sirva o congee com verduras asiáticas cozidas no vapor.

VEGANIZE!

TROQUE O FRANGO POR TOFU E USE O CALDO DE LEGUMES.

TIRE A CARNE!

SUBSTITUA O FRANGO
E O BACON POR UM
ABACATE PICADO.
NÃO USE O ALICHE.

Salada caesar DE COUVE

PRÉ-PREPARO + COZIMENTO 45 MINUTOS (+ GELADEIRA) PARA 4 PESSOAS

As folhas verde-escuras da couve são excelentes fontes de vitaminas A e C, fibras e fitonutrientes que podem ser úteis na prevenção de câncer e doenças cardiovasculares.

- **1 litro (4 xícaras) de água**
- **4 raminhos de tomilho fresco**
- **2 dentes de alho amassados**
- **½ limão-siciliano médio (70 g) cortado em fatias finas**
- **400 g de filé de peito de frango caipira**
- **12 fatias finas de baguete de fermentação natural (100 g)**
- **¾ de xícara (60 g) de parmesão ralado fino**
- **1 colher (sopa) de azeite**
- **8 fatias de bacon magro (240 g)**
- **1 colher (chá) de vinagre claro**
- **4 ovos caipiras**
- **240 g de couve-manteiga**

MOLHO VERDE

- **¼ de xícara (75 g) de maionese**
- **2 colheres (sopa) de creme azedo (sour cream; ver glossário)**
- **¼ de xícara de salsinha picada grosseiramente**
- **1 colher (sopa) de manjericão fresco picado grosseiramente**
- **1 colher (sopa) de cebolinha fresca picada grosseiramente**
- **2 colheres (sopa) de água**
- **1 colher (sopa) de suco de limão-siciliano**
- **1 filé de aliche escorrido e picado grosseiramente**
- **1 dente de alho bem picado**

1 Leve a água, o tomilho, o alho e o limão ao fogo, em uma panela média, até que levante fervura. Junte o frango e espere levantar fervura novamente. Reduza o fogo e, com a panela destampada, cozinhe o frango, em fogo brando, por 12 minutos ou até que cozinhe por completo. Retire o frango da panela, deixe esfriar por 10 minutos e desfie grosseiramente. Reserve o líquido do cozimento para outro uso (ver dicas).

2 Prepare o molho verde.

3 Preaqueça o forno no modo grill. Toste os pedaços de pão de um lado, vire e salpique metade do parmesão; deixe-os torrando até o parmesão derreter e dourar levemente.

4 Leve uma frigideira pequena ao fogo médio. Esquente o azeite e frite o bacon até que fique crocante e dourado; escorra em papel-toalha.

5 Encha uma frigideira grande e funda até a metade com água e leve ao fogo para ferver. Junte o vinagre à água. Quebre 1 ovo dentro de uma xícara e coloque-o na água com cuidado; repita o processo com os demais ovos. Depois de colocar todos os ovos na frigideira, espere que a água levante fervura novamente. Tampe a panela e apague o fogo; deixe descansar por 3 minutos, ou até que se forme uma camada fina de clara por cima das gemas.

6 Coloque a couve picada e ¼ da quantidade de molho em uma tigela grande; misture para cobrir a couve com o molho. Deixe descansar por 5 minutos para que a couve amoleça um pouco.

7 Junte as torradas, o bacon, o restante do parmesão e do molho e misture. Sirva a salada com o ovo pochê por cima.

molho verde Bata os ingredientes no processador até formar um molho liso e homogêneo. Tempere com sal a gosto. (Rende ¾ de xícara.)

dicas O líquido de cozimento da etapa 1 pode ser aproveitado como um caldo light de galinha para as outras receitas deste capítulo. Deixe o caldo esfriar, tampe e conserve na geladeira por até 2 dias. No freezer, dura até 1 mês. Não se esqueça de que você também pode usar a casca do parmesão para outras receitas – ver p. 16.

Sanduíches de frango EMPANADO E SALPICÃO DE MAÇÃ

PRÉ-PREPARO + COZIMENTO 45 MINUTOS **PARA** 6 PESSOAS

300 g de pão de fermentação natural amanhecido e rasgado grosseiramente

6 filés de peito de frango caipira bem fininhos (850 g)

½ xícara (75 g) de farinha de trigo

2 ovos caipiras levemente batidos

2 colheres (sopa) de azeite

60 g de manteiga

6 pães tipo brioche (540 g)

¼ de xícara (75 g) de maionese aïoli (ver receita na p. 93)

SALPICÃO DE MAÇÃ

¼ de xícara (60 ml) de leitelho (buttermilk, ver glossário)

1 colher (sopa) de azeite

2 colheres (chá) de mostarda de Dijon

1 colher (sopa) de suco de limão-siciliano

1 colher (chá) de sementes de cominho tostadas e levemente amassadas

2 xícaras (160 g) de repolho roxo cortado em tiras finas

½ maçã vermelha (75 g) cortada em tiras finas

½ bulbo de erva-doce pequeno (65 g) cortado em tiras finas (reserve as folhas)

1 xícara de salsinha picada grosseiramente

1 Prepare o salpicão de maçã.
2 Bata o pão amanhecido no processador até formar uma farinha de rosca fina. Transfira para uma assadeira. Empane os filés de frango na farinha de trigo, sacudindo-os para retirar o excesso. Passe o frango empanado no ovo batido e, em seguida, na farinha de rosca.
3 Preaqueça o forno a 120 °C. Forre uma assadeira com papel-manteiga.
4 Leve uma frigideira grande ao fogo alto. Esquente metade do azeite e da manteiga; frite os filés de frango por 2 minutos de cada lado, ou até que dourem e cozinhem por completo. Passe-os para a assadeira forrada e leve-os ao forno para mantê-los aquecidos. Repita o processo com o restante do azeite, da manteiga e dos filés. Corte os filés pela metade.
5 Corte os pães tipo brioche ao meio. Espalhe maionese aïoli na base de cada pão cortado; coloque as metades dos filés e o salpicão de maçã. Feche o sanduíche.
salpicão de maçã Misture o leitelho, o azeite, a mostarda e o suco de limão em uma tigela grande. Tempere com sal a gosto. Acrescente o cominho, o repolho, a maçã, a erva-doce picada e suas folhas rasgadas e a salsinha. Reserve.

dicas Usamos maçã do tipo gala na receita, mas você pode usar maçã verde. Você também pode usar farinha de rosca japonesa (panko) em vez da caseira.

TIRE A CARNE!

TROQUE OS FILÉS DE FRANGO POR FATIAS GROSSAS DE BERINJELA.

"Com tomate e orégano, temos um prato italiano; com vinho e estragão, um prato francês.

Com sour cream, o prato se torna russo; com limão e canela, um prato grego.

Com molho de soja, temos um prato chinês; com alho, um bom prato.

ALICE MAY BROCK *Restaurateur*

Não JOGUE fora

FOLHAS DE ALHO-PORÓ Use-as para preparar caldos.
FOLHAS DE CEBOLINHA As folhas verdes da cebolinha podem ser usadas junto com o talo branco para dar mais cor aos pratos.
TALOS DE ERVAS DE FOLHAS MACIAS (SALSINHA E COENTRO) Seus talos são tão comestíveis quanto as folhas; descarte a parte que vai até 2,5 cm da ponta antes de usar.
TALOS DE ERVAS COM GALHOS (ALECRIM E TOMILHO) Faça um amarradinho de ervas preso com barbante de algodão (para facilitar sua localização) e use para temperar molhos de tomate caseiros.
CASCAS DE PARMESÃO Congele em saquinhos. Use-as em caldos (ver receita nas pp. 40 e 41), sopas e molhos para massas.
FOLHAS DE SALSÃO Use o talo inteiro, inclusive as folhas, em caldos e sopas; use as folhas jovens em saladas.

VEGETARIANISMO AMBIENTAL

EM UM RELATÓRIO DE 2010, A ONU RECOMENDOU A OPÇÃO PELO VEGETARIANISMO, POR CAUSA DA QUANTIDADE DESPROPORCIONAL DE GRÃOS NECESSÁRIA PARA ALIMENTAR O GADO, MUITO MAIOR DO QUE SE ESSA PRODUÇÃO FOSSE UTILIZADA PARA CONSUMO HUMANO. DIMINUIR O USO DE CARNE É UMA BOA MANEIRA DE REDUZIR A FOME E O IMPACTO DAS MUDANÇAS CLIMÁTICAS NO MUNDO.

Faça um "sopão" com os pedaços de legumes e verduras que encontrar na geladeira, sobras de feijão cozido e molho de tomate. Arremate com arroz, macarrão e quinoa. Ou, então, inspire-se na culinária asiática preparando um prato com talos e raízes de coentro, capim-limão, gengibre, anis-estrelado, verduras asiáticas, brócolis e cenoura. Procure molho tamari e macarrão fininho de arroz (bifum) na despensa para arrematar.

DATA DE VALIDADE Por lei, os alimentos fora da data de validade não podem ser comercializados. Itens de menor risco, como frutas e hortaliças, geralmente podem ser consumidos depois da data de validade indicada na embalagem. No fim das contas, use o bom senso: verifique se o produto apresenta sinais visíveis de deterioração, como mofo, ou cheiro ruim. Ao arrumar a geladeira, deixe os produtos mais antigos na frente e com as datas visíveis. Assim fica mais fácil saber qual deverá ser usado primeiro.

PARA *pensar*

SABIA QUE O BRASIL É UM DOS 10 PAÍSES QUE MAIS DESPERDIÇAM ALIMENTOS? PORTANTO, PLANEJE-SE ANTES DE FAZER COMPRAS, VERIFIQUE A GELADEIRA, O FREEZER E A DESPENSA E ORGANIZE O CARDÁPIO DE ACORDO COM O QUE VOCÊ JÁ TEM.

DICA ESPERTA

1 XÍCARA DE FEIJÃO CRU CUSTA METADE DO PREÇO DO FEIJÃO COZIDO EM CONSERVA

SABENDO USAR *não vai faltar*

PARA INCREMENTAR SEUS PRATOS

PÁPRICA DEFUMADA E PIMENTA DEDO-DE-MOÇA

Essa dupla é ótima para temperar feijão, tubérculos, carboidratos e proteínas como quinoa, arroz integral e tofu, dando às preparações um toque defumado e picante.

SEMENTES DE COENTRO E DE COMINHO

Toste e triture as sementes para salpicá--las por cima de legumes mediterrâneos (tomate, abobrinha, berinjela e erva-doce) ou cenoura. Sirva acompanhados de coalhada seca.

SEMENTES DE ERVA-DOCE E PIMENTA CALABRESA

Salpique no queijo haloumi ou queijo coalho antes de levá-lo ao grill ou frigideira; outra opção é usá-las para temperar lentilha com muita salsinha e hortelã picadas.

CÚRCUMA E SEMENTES DE MOSTARDA

Leve-as juntas ao fogo até que as sementes comecem a pipocar. Depois, misture com vagens cozidas no vapor e coco ralado tostado para dar um sabor rústico e levemente pungente à preparação.

TIRE A CARNE!

NÃO COLOQUE O FRANGO NO GUACAMOLE.

Chowder de milho
ASSADO COM QUINOA

PRÉ-PREPARO + COZIMENTO 1 HORA 30 MINUTOS **PARA** 6 PESSOAS

A quinoa contém todos os aminoácidos essenciais, sendo o substituto perfeito para a carne. E, de quebra, também pode ser consumida pelo celíaco.

4 espigas de milho (1,6 kg) descascadas e sem os fios

¼ de xícara (60 ml) de azeite

4 tortilhas integrais (21 cm)

óleo para pincelar

1 cebola grande (200 g) bem picada

1 batata grande (300 g) picada grosseiramente

2 dentes de alho amassados

1 colher (chá) de pimenta calabresa em flocos

¼ de colher (chá) de páprica defumada

1 litro (4 xícaras) de caldo de legumes (ver receita na p. 40)

½ xícara (125 ml) de creme de leite fresco

⅓ de xícara (70 g) de quinoa branca ou vermelha

¾ de xícara (180 ml) de água

⅓ de xícara de coentro fresco

GUACAMOLE DE FRANGO

⅔ de xícara (100 g) de peito de frango caipira cozido e desfiado

½ colher (chá) de páprica defumada

1 abacate médio (250 g) picado grosseiramente

1 cebolinha cortada em fatias finas

2 colheres (sopa) de coentro fresco

2 colheres (sopa) de suco de limão

1 Preaqueça o forno a 180 °C. Unte e forre uma assadeira rasa com papel-manteiga.
2 Coloque as espigas de milho na assadeira, regue com 1 colher (sopa) de azeite e tempere com sal. Asse o milho por 45 minutos, virando as espigas de vez em quando até que fiquem douradas e macias. Com o auxílio de uma faca afiada, retire os grãos de milho das espigas; descarte-as.
3 Aumente a temperatura do forno para 200 °C.
4 Coloque as tortilhas em 2 assadeiras; borrife ou pincele óleo. Asse-as por 5 minutos, ou até que fiquem douradas e crocantes; quebre-as em pedacinhos e reserve-as.
5 Leve uma panela grande ao fogo médio. Esquente o azeite restante. Coloque o milho, a cebola e a batata e refogue com a panela tampada por 10 minutos ou até a cebola ficar tenra. Acrescente o alho e tempere com a pimenta calabresa e a páprica. Mexendo sempre, refogue por 1 minuto ou até que o refogado solte seu aroma.
6 Adicione o caldo de legumes e o creme de leite. Deixe levantar fervura em fogo alto. Reduza o fogo para médio. Tampe e ferva, em fogo brando, por 10 minutos ou até a batata ficar tenra. Retire do fogo e deixe descansar por 10 minutos. Bata metade dessa mistura no liquidificador ou processador até formar uma sopa lisa. Devolva à panela. Tempere a gosto. Leve novamente ao fogo e mexa até esquentar.
7 Enquanto isso, leve ao fogo uma panelinha com a quinoa e a água e deixe levantar fervura. Reduza o fogo. Tampe e ferva, em fogo brando, por 12 minutos, ou até a quinoa ficar macia. Com a panela ainda tampada, deixe a quinoa descansar por 10 minutos. Solte-a com o auxílio de um garfo. Junte a quinoa cozida ao chowder.
8 Prepare o guacamole.
9 Distribua o chowder em tigelinhas e finalize com o guacamole e o coentro. Sirva com os chips de tortilha.
guacamole de frango Misture o frango com a páprica em uma tigelinha. Acrescente o abacate, a cebolinha, o coentro e o suco de limão e misture bem. Tempere a gosto.

Hambúrguer verde DE PERU

PRÉ-PREPARO + COZIMENTO 45 MINUTOS (+ DESCANSO E GELADEIRA)
PARA 6 PESSOAS

- ⅓ de xícara (25 g) de quinoa em flocos
- ¼ de xícara (60 ml) de leite
- 1 abobrinha pequena (90 g) ralada no ralo grosso
- 1 cenoura roxa pequena (70 g) ralada no ralo grosso
- 1 cebola roxa pequena (100 g) ralada no ralo grosso
- 400 g de carne moída de peru ou frango (caipiras)
- 1 colher (sopa) de salsinha bem picada
- 2 colheres (sopa) de azeite
- 1 batata-doce pequena (250 g) cortada em pedaços de 1 cm
- 12 folhas grandes de alface-americana aparadas em forma de disco (elas entrarão no lugar do pão de hambúrguer)
- 1 tomate grande (220 g) cortado em fatias finas
- 1 cebola roxa pequena (100 g) cortada em fatias finas (extra)

MOLHO VERDE DE TAHINE

- ¼ de xícara (70 g) de tahine
- 2 colheres (sopa) de salsinha fresca
- 2 colheres (sopa) de suco de limão-siciliano
- 1 colher (sopa) de azeite
- 1 dente de alho pequeno amassado

1 Prepare o molho verde de tahine.
2 Em uma tigela pequena, misture a quinoa com o leite e deixe descansar por 10 minutos.
3 Em uma tigela média, misture a abobrinha, a cenoura, a cebola, a carne moída (peru ou frango), a salsinha e a quinoa escorrida; tempere a gosto. Com as mãos úmidas, molde a massa, formando 6 hambúrgueres de 8 cm cada; cubra com filme de PVC e leve à geladeira por 30 minutos.
4 Leve uma frigideira antiaderente grande ao fogo brando com a metade do azeite. Acrescente a batata-doce e, mexendo sempre, cozinhe por 8 minutos, ou até a batata ficar tenra.
5 Esquente o restante do azeite em fogo médio; frite os hambúrgueres por 4 minutos de cada lado ou até que dourem e cozinhem por completo.
6 Monte os "sanduíches" colocando o hambúrguer por cima de uma folha de alface, acompanhado de tomate, cebola extra e batata-doce. Regue com o molho verde de tahine e feche o "sanduíche" com outra folha de alface. Sirva imediatamente.
molho verde de tahine Bata os ingredientes no processador até formar um molho liso e homogêneo; tempere com sal a gosto.

dicas Para esta receita, use de 1 a 2 pés de alface-americana, dependendo do tamanho. Antigamente, a cenoura era roxa até os holandeses desenvolverem a variedade cor de laranja no século 17. A variedade roxa de cenoura é riquíssima em betacaroteno e vitamina A, assim como sua prima alaranjada, mas também contém o pigmento roxo antocianina, substância antioxidante com propriedades consideradas anti-inflamatórias.

TIRE A CARNE!

TROQUE O HAMBÚRGUER POR QUEIJO HALOUMI, QUEIJO COALHO OU COGUMELOS GRELHADOS.

VEGANIZE!
EM VEZ DE FRANGO, VOCÊ PODE USAR COGUMELOS SALTEADOS POR 3 MINUTOS OU ATÉ FICAREM TENROS.

Salada de frango ao missô
COM BRÓCOLIS E ASPARGOS

PRÉ-PREPARO + COZIMENTO 25 MINUTOS **(+ GELADEIRA) PARA** 4 PESSOAS

O missô é um produto vivo e fermentado, ótimo para a saúde intestinal. Além disso, contém glutamatos naturais, que lhe conferem um sabor de "quero mais".

2 colheres (sopa) de missô branco (shiro missô)

2 colheres (sopa) de mirin (saquê culinário)

2 colheres (sopa) de azeite

400 g de filés de peito de frango caipira cortados ao meio no sentido horizontal

200 g de brócolis cortados ao meio no comprimento

170 g de aspargos sem o talo duro e cortados na diagonal

½ xícara (75 g) de castanha-de-caju torrada e picada grosseiramente

1 xícara de coentro fresco

1 xícara de hortelã fresca

MOLHO CREMOSO DE MISSÔ

3 colheres (chá) de manteiga de castanha-do-pará e de castanha-de-caju

1 colher (sopa) de missô branco (shiro missô)

1 colher (sopa) de mirin (saquê culinário)

2 colheres (chá) de água

1 colher (sopa) de azeite

¼ de colher (chá) de óleo de gergelim

1 Prepare o molho cremoso de missô.

2 Em uma tigela média, misture o missô, o mirin e metade do azeite. Junte o frango e misture para cobri-lo com o tempero. Cubra com filme de PVC e leve à geladeira por 1 hora.

3 Cozinhe os brócolis em água, no vapor ou no micro-ondas até que fiquem macios; escorra. Cubra para mantê-los quentes.

4 Leve uma frigideira antiaderente média ao fogo médio e aqueça o restante do azeite. Frite o frango por 2 minutos de cada lado ou até que doure e cozinhe por completo. Deixe o frango esfriar por 5 minutos e, em seguida, desfie-o grosseiramente.

5 Leve o frango, os brócolis e os aspargos a uma tigela grande. Junte a castanha-de-caju, as ervas e o molho. Misture bem.

molho cremoso de missô Misture todos os ingredientes em um pote com tampa, feche bem e agite até formar um molho homogêneo.

dicas O missô branco tem sabor mais adocicado e suave que o do tipo marrom, vermelho e preto, sendo excelente opção para molhos. Pode ser encontrado em bons supermercados e empórios de produtos asiáticos. Use 1 maço de brócolis e 1 maço de aspargos para esta receita.

Salada de couve crocante
E FRANGO GRELHADO

PRÉ-PREPARO + COZIMENTO 50 MINUTOS **PARA** 4 PESSOAS

350 g de couve-manteiga ou couve crespa

¼ de xícara (60 ml) de azeite

400 g de cenouras baby sem os talos e cortadas ao meio no comprimento

400 g de filé de peito de frango caipira

½ cebola roxa pequena (50 g) cortada em fatias finas

½ xícara de salsinha fresca

2 colheres (sopa) de sementes de abóbora torradas

MOLHO DE LIMÃO E MOSTARDA

⅓ de xícara (110 g) de maionese

1 colher (chá) de raspas de casca de limão-siciliano

2 colheres (sopa) de suco de limão-siciliano

2 colheres (chá) de mostarda de Dijon

1 dente de alho pequeno amassado

1 Preaqueça o forno a 180 °C. Forre 3 assadeiras rasas com papel-manteiga.
2 Corte as folhas da couve e descarte os talos. Arrume as folhas de couve em 2 assadeiras e regue com 1 colher (sopa) de azeite. Arrume as cenouras na outra assadeira e regue com metade do restante do azeite. Asse as cenouras por 30 minutos ou até ficarem macias. Leve a couve ao forno nos últimos 10 minutos ou até ficar crocante.
3 Corte os filés de frango ao meio na horizontal, formando 4 filés fininhos; regue-os com o restante do azeite. Grelhe o frango em uma frigideira, grill ou churrasqueira quente e levemente untada até que dourem e cozinhem por completo. Corte em fatias grossas.
4 Prepare o molho de limão e mostarda.
5 Coloque a couve, a cenoura, a cebola, o frango, o molho e metade da salsinha em uma tigela grande; misture bem. Antes de servir, finalize a salada com o restante da salsinha e as sementes de abóbora.
molho de limão e mostarda Misture todos os ingredientes em uma tigela pequena. Tempere a gosto.

dica Para esta receita, use um maço de couve.

VEGANIZE!

NÃO USE O FRANGO E PULE A ETAPA 3 DA RECEITA. QUANDO ASSAR AS CENOURAS (ETAPA 2), ADICIONE 400 G DE GRÃO-DE-BICO COZIDO.

TIRE A CARNE!

NÃO USE O PRESUNTO CRU E COZINHE 1 ABOBRINHA GRANDE CORTADA EM FATIAS GROSSAS COM A BERINJELA.

Salada de berinjela, PRESUNTO CRU E QUEIJO FETA

PRÉ-PREPARO + COZIMENTO 35 MINUTOS **PARA** 4 PESSOAS

4 fatias de presunto cru (60 g)

90 g de pão de fermentação natural rasgado em pedaços grandes

2 colheres (sopa) de azeite

8 berinjelas (480 g) cortadas em 3 pedaços no sentido do comprimento

300 g de tomates cereja cortados ao meio

2 colheres (sopa) de manjericão fresco

2 colheres (sopa) de hortelã fresca

75 g de queijo feta esfarelado

MOLHO DE ROMÃ

1 dente de alho pequeno amassado

1 colher (sopa) de melaço de romã

3 colheres (chá) de vinagre de xerez

¼ de xícara (60 ml) de azeite

pimenta calabresa em flocos a gosto

1 Preaqueça o forno a 200 °C. Forre 2 assadeiras rasas com papel-manteiga.
2 Arrume as fatias de presunto em uma das assadeiras. Espalhe os pedaços de pão na segunda assadeira; regue-os com metade do azeite. Asse o presunto cru e o pão por 15 minutos, ou até que fiquem dourados e crocantes.
3 Regue as berinjelas com o restante do azeite; grelhe-as em uma frigideira, grill ou churrasqueira levemente untada, em fogo alto, por 3 minutos de cada lado ou até ficarem douradas e macias.
4 Prepare o molho de romã.
5 Misture a berinjela, os tomatinhos, as ervas e o queijo feta e regue com o molho. Finalize com o crocante de presunto cru e o pão torrado.
molho de romã Misture todos os ingredientes em uma tigela pequena. Tempere a gosto.

Cozido de grão-de-bico, CHORIZO E PIGNOLI

PRÉ-PREPARO + COZIMENTO 35 MINUTOS **PARA** 4 PESSOAS

1 colher (sopa) de azeite

1 cebola média (150 g) bem picada

2 dentes de alho amassados

1 pimenta dedo-de-moça bem picada

400 g de tomates pelados picados

1 xícara (280 g) de polpa de tomate

285 g de pimentão assado em conserva (escorrido) e picado grosseiramente

1 xícara (250 ml) de caldo de legumes (ver receita na p. 40) ou água

¼ de colher (chá) de pistilos de açafrão

800 g de grão-de-bico cozido

1 linguiça chorizo (170 g) cortada em fatias finas

1½ colher (sopa) de pignoli tostados

¼ de xícara (30 g) de queijo manchego ralado fino (ver dica)

1 xícara de salsinha fresca

1 Leve uma panela grande ao fogo médio/alto. Esquente o azeite e junte a cebola. Mexendo sempre, refogue-a por 5 minutos ou até a cebola começar a murchar. Junte o alho e a pimenta dedo-de-moça e refogue por 1 minuto ou até o refogado começar a soltar seu aroma.
2 Adicione os tomates, a polpa de tomate, o pimentão, o caldo de legumes, o açafrão e o grão-de-bico; deixe levantar fervura. Reduza o fogo e deixe ferver, em fogo brando, sem tampar a panela, por 15 minutos ou até reduzir um pouco.
3 Leve uma frigideira pequena ao fogo médio. Frite o chorizo por 5 minutos, ou até que fique dourado e crocante. Escorra em papel-toalha.
4 Adicione o chorizo ao cozido e sirva salpicado com os pignoli, o queijo ralado e a salsinha picada.

dica O manchego é um queijo espanhol semifirme à base de leite de ovelha. Pode ser encontrado em bons supermercados e delicatessens. Caso não encontre, use queijo parmesão ou pecorino.

sugestão Sirva com pão de fermentação natural.

TIRE A CARNE!

PARA TORNAR A RECEITA VEGETARIANA, BASTA NÃO USAR O CHORIZO.

TIRE A CARNE!
SUBSTITUA O PRESUNTO POR 4 FATIAS (170 G) DE PIMENTÃO VERMELHO EM CONSERVA ESCORRIDO

Strata de cebola caramelizada, PRESUNTO E QUEIJO PECORINO

PRÉ-PREPARO + COZIMENTO 1 HORA **(+ DESCANSO) PARA** 4 PESSOAS

Sobrou pão amanhecido? Aproveite-o neste pudim salgado.

- **2 colheres (sopa) de azeite**
- **2 cebolas médias (300 g) cortadas em fatias fininhas**
- **3 colheres (chá) de alecrim fresco bem picado**
- **8 ovos**
- **2 xícaras (500 ml) de leite**
- **⅔ de xícara (50 g) de queijo pecorino ou parmesão ralado no ralo fino**
- **200 g de presunto picado grosseiramente**
- **2 colheres (sopa) de amêndoas defumadas picadas grosseiramente**
- **500 g de pão integral de fermentação natural rasgado em pedaços pequenos**
- **500 g de tomates cereja em rama**
- **¼ de xícara de manjericão fresco**

1 Preaqueça o forno a 200 °C.
2 Leve uma panela grande ao fogo médio/alto. Esquente metade do azeite e junte a cebola. Mexendo sempre, refogue-a por 15 minutos ou até caramelizar. Acrescente o alecrim e, sem parar de mexer, refogue por 1 minuto ou até que o refogado comece a soltar seu aroma.
3 Com o auxílio de um garfo ou fouet, bata os ovos, o leite e metade do queijo em uma tigela grande. Em uma tigela média, misture a cebola, o presunto e as amêndoas. Em 4 refratários com capacidade para 2 xícaras (500 ml) cada, coloque uma camada de pão e uma da mistura feita com o presunto. Cubra-os com a mistura de ovo e salpique com o restante do queijo. Deixe descansar por 20 minutos.
4 Asse por 35 minutos ou até a massa de ovos dourar, firmar e inchar.
5 Divida a rama com os tomates em 4 partes; arrume-as em uma assadeira e regue com o restante do azeite. Asse-os nos últimos 10 minutos do tempo de cozimento da strata, ou até que a pele comece a rasgar.
6 Para servir, finalize a strata com os tomates assados e o manjericão fresco.

sugestão Sirva com salada mista de folhas.

Frango com BATATA À MODA CHINESA

PRÉ-PREPARO + COZIMENTO 45 MINUTOS **(+ DESCANSO) PARA** 4 PESSOAS

Trazemos uma receita chinesa que foge do convencional. Da província de Sichuan, esta leva um ingrediente pouco visto na culinária local: a batata-inglesa. Aqui ela é usada em tiras fininhas como macarrão.

2 batatas-inglesas médias (400 g) cortadas em tiras fininhas (ver dicas)

½ colher (chá) de sal marinho

1 colher (sopa) de cominho em pó

2 colheres (sopa) de farinha de arroz

2 colheres (chá) de pimenta calabresa em flocos

300 g de filés de peito de frango caipira cortados em tiras

1 colher (sopa) de óleo de gergelim

3 dentes de alho bem picados

400 g de espinafre chinês cortado em pedaços de 10 cm

2 colheres (sopa) de molho de soja light

¼ de xícara (60 ml) de vinagre de malte

½ colher (chá) de açúcar

2 pimentas dedo-de-moça verdes cortadas em fatias finas

¼ de colher (chá) de pimenta calabresa em flocos (extra)

1 Coloque a batata já cortada e o sal em uma tigela grande e cubra com água fria; deixe descansar por 20 minutos. Escorra e seque com papel-toalha.
2 Em um prato raso, misture o cominho, a farinha e metade da pimenta calabresa. Empane o frango nessa farinha temperada; sacuda os pedaços para retirar o excesso.
3 Leve uma wok ao fogo alto. Esquente metade do óleo e junte o frango. Frite por 3 minutos, ou até cozinhar bem. Retire o frango da wok.
4 Devolva a wok ao fogo médio/alto e esquente o restante do óleo. Mexendo sempre, frite o alho e as batatas por 5 minutos ou até que elas fiquem tenras. Adicione o espinafre e cozinhe por 1 minuto ou até que murche.
5 Em uma tigela pequena, misture o molho de soja, o vinagre, o açúcar e o restante da pimenta calabresa; misture bem até que o açúcar se dissolva. Devolva o frango à wok e junte essa mistura de molho de soja e a pimenta verde; mexa bem até esquentar os ingredientes. Finalize com a pimenta calabresa.

dicas Para esta receita, recomendamos que use uma variedade de batata cerosa, com baixo teor de amido. Para evitar que fique muito picante, retire as sementes e as membranas das pimentas dedo-de-moça antes de picá-las.
sugestão Sirva com amendoim picado grosseiramente e talos de coentro bem picados.

VEGANIZE!
TROQUE O FRANGO POR TOFU. PARA UMA VERSÃO SEM GLÚTEN, SUBSTITUA O MOLHO DE SOJA POR MOLHO TAMARI.

TIRE A CARNE!
FAÇA A RECEITA SEM FRANGO. AUMENTE A QUANTIDADE DE ARROZ PARA 375 G E A DE ESPINAFRE PARA 600 G.

Torta verdejante de FRANGO

PRÉ-PREPARO + COZIMENTO 1 HORA 35 MINUTOS **(+ GELADEIRA) PARA** 4 PESSOAS

Esta torta de verduras e queijo entrou na cena culinária pelas mãos de hippies felizes e saudáveis nos anos 1960 e 1970. As sobras requentam superbem.

1½ xícara (225 g) de farinha de trigo

1 xícara (160 g) de farinha de trigo integral

150 g de manteiga gelada cortada em pedaços

4 ovos caipiras

2 colheres (sopa) de azeite

1 colher (sopa) de água

1,5 litro (6 xícaras) de água (extra)

200 g de filé de peito de frango caipira

300 g de espinafre sem os talos e picado grosseiramente

2 dentes de alho bem picados

250 g de arroz integral cozido

200 g de queijo feta esfarelado

2 xícaras (480 g) de ricota amassada

3 cebolinhas bem picadas

1 xícara de salsinha fresca picada grosseiramente

1 Bata as farinhas com a manteiga no processador até formar uma farofa. Com o auxílio de um garfo, bata 2 ovos, 1 colher (sopa) de azeite e a colher de água em uma tigela pequena. Junte essa mistura à farofa de farinhas e manteiga e bata mais no processador até quase virar uma bola de massa. Sove a massa em uma superfície enfarinhada até que fique lisa.

2 Com o auxílio de um rolo para massas, abra a massa entre duas folhas de papel-manteiga enfarinhadas até obter um círculo de 32 cm de diâmetro e 1 cm de espessura, grande o suficiente para forrar uma fôrma de fundo falso de 24 cm de diâmetro. Coloque a massa aberta sobre a fôrma, pressionando-a no fundo e cobrindo até ¾ da altura das laterais. Leve à geladeira por 30 minutos.

3 Preaqueça o forno a 180 °C.

4 Leve o 1,5 litro de água extra ao fogo em uma panela grande até que levante fervura. Adicione o frango e deixe ferver novamente. Reduza o fogo. Com a panela semitampada, cozinhe o frango, em fogo brando, por 12 minutos ou até que cozinhe por completo. Retire o frango da panela (não descarte a água), deixe esfriar por 10 minutos e desfie grosseiramente.

5 Devolva a panela com a água ao fogo para que ferva novamente; junte o espinafre e cozinhe por 1 minuto ou até que murche. Escorra e enxágue em água fria. Escorra bem em seguida. Esprema para retirar o excesso de água.

6 Bata levemente os ovos restantes em uma tigela grande. Acrescente o espinafre, o frango, o alho, o arroz, o queijo feta, a ricota, a cebolinha e a salsinha; misture bem. Coloque esse recheio sobre a massa da fôrma.

7 Asse a torta por 50 minutos ou até que cozinhe por completo e a massa fique dourada.

sugestão Sirva a torta com salada verde e fatias de limão.

Pastilla de FRANGO

PRÉ-PREPARO + COZIMENTO 1 HORA 15 MINUTOS **(+ GELADEIRA) PARA** 8 PESSOAS

A pastilla é um pastel tradicional da culinária marroquina servido em ocasiões especiais.

pistilos de açafrão a gosto

1 colher (sopa) de água quente

2 colheres (sopa) de azeite

2 cebolas roxas médias (340 g) bem picadas

2 dentes de alho amassados

1 colher (chá) de cúrcuma em pó

1 colher (chá) de gengibre em pó

¾ de colher (chá) de canela em pó

500 g de carne moída de frango caipira

1 xícara (160 g) de amêndoas sem pele torradas e picadas grosseiramente

1 xícara de coentro fresco picado grosseiramente

1 xícara de salsinha fresca picada grosseiramente

8 folhas de massa filo

½ xícara (125 ml) de azeite (extra)

1 Em um copo, dilua o açafrão com a água quente e reserve.
2 Leve uma frigideira grande ao fogo médio/alto. Esquente o azeite. Junte a cebola, o alho, a cúrcuma, o gengibre e ½ colher (chá) de canela e refogue por 5 minutos ou até a cebola começar a murchar. Acrescente o frango. Mexendo sempre, refogue por 5 minutos ou até que a carne doure. Tempere com sal. Adicione o açafrão diluído e cozinhe por 1 minuto ou até que a água evapore. Passe para uma tigela maior. Acrescente as amêndoas, o coentro e a salsinha. Reserve e deixe esfriar completamente.
3 Preaqueça o forno a 180 °C.
4 Pincele uma folha de massa com um pouco do azeite extra, corte-a ao meio no comprimento e cubra com a outra metade. Coloque ½ xícara de recheio de frango em um canto da massa cortada, deixando uma borda de 1 cm. Dobre o canto do lado oposto por cima do recheio, na diagonal, para formar um triângulo; feche a massa, preservando o formato triangular. Repita o processo com o restante de massa e recheio. Arrume os triângulos em uma assadeira levemente untada, com a parte fechada virada para baixo.
5 Pincele um pouco mais de azeite nos triângulos e polvilhe com a canela restante. Asse-os por 50 minutos ou até ficarem levemente dourados.

sugestão Sirva com iogurte, coentro e limão.

VEGANIZE!
TROQUE O FRANGO POR COUVE-FLOR.

TIRE A CARNE!
NÃO USE O PRESUNTO CRU E AUMENTE A QUANTIDADE DE RICOTA, PARMESÃO E FARINHA DE ROSCA.

Sopa de macarrão COM ALMÔNDEGAS DE RICOTA

PRÉ-PREPARO + COZIMENTO 45 MINUTOS **(+ GELADEIRA) PARA** 4 PESSOAS

Estas almôndegas fogem do convencional. Não são de carne, mas de ricota e nozes, com um toque de presunto cru que, se você preferir, nem precisa usar.

3 xícaras (210 g) de farinha de rosca

2 colheres (sopa) de água

1 xícara (110 g) de nozes torradas e picadas grosseiramente

1 xícara (240 g) de ricota

¾ de xícara (60 g) de parmesão ralado fino

5 fatias de presunto cru (75 g) bem picado

2 ovos caipiras levemente batidos

¼ de xícara de manjericão picado

2 litros (8 xícaras) de caldo de legumes (ver receita na p. 40) ou de galinha

2 xícaras (500 ml) de água (extra)

120 g de macarrão tipo maccheroni ou tortiglione

2 colheres (sopa) de manjericão fresco (extra)

¼ de xícara (20 g) de parmesão ralado no ralo grosso (extra)

1 Misture a farinha de rosca com a água em uma tigela grande. Deixe descansar por 5 minutos. Acrescente as nozes, a ricota, o parmesão, o presunto cru, o ovo e o manjericão picado; tempere com sal a gosto. Com as mãos umedecidas, molde as almôndegas usando 1 colher (sopa) de massa como medida e arrume-as em uma assadeira. Leve à geladeira por 30 minutos.

2 Leve o caldo de legumes e a água extra ao fogo em uma panela grande até que levante fervura. Coloque as almôndegas, reduza o fogo e cozinhe, em fogo brando, por 6 minutos. Coloque o macarrão na panela e deixe levantar fervura. Reduza o fogo e cozinhe, em fogo brando, até o macarrão amolecer.

3 Tempere a sopa com sal a gosto. Sirva em tigelinhas e finalize com o manjericão fresco e o parmesão extras.

dica Você pode usar carne moída de frango em vez de presunto cru.

CALDO DE LEGUMES

PRÉ-PREPARO + COZIMENTO 2 HORAS 30 MINUTOS
RENDE 2,5 LITROS (10 XÍCARAS)

Além de ser de fácil preparo, este caldo incrementa o sabor de qualquer receita. O segredo para fazer um caldo bem saboroso é fervê-lo lentamente em fogo brando. Se o caldo for fervido em fogo alto, os sabores não vão se apurar.

Pique grosseiramente 1 alho-poró médio (350 g), 1 cebola grande (200 g) com casca, 2 cenouras grandes (360 g), 1 nabo grande (400 g), 2 talos de salsão com as folhas (300 g) e 3 dentes de alho com casca. Leve os ingredientes ao fogo em uma panela grande junto com 1 colher (chá) de pimenta-do-reino preta em grãos, 1 buquê garni (ver dicas) e 5 litros (20 xícaras) de água; deixe levantar fervura. Reduza o fogo; deixe ferver, em fogo brando, por 2 horas, sem tampar. Escorra o caldo em uma peneira para dentro de uma tigela grande resistente ao calor. Descarte os ingredientes sólidos. Deixe o caldo esfriar. Cubra e leve à geladeira até gelar.

CALDO ITALIANO

CALDO ASIÁTICO

CALDO ITALIANO

Pique grosseiramente 2 cebolas grandes com casca (400 g), 2 cenouras grandes (360 g), 2 talos de salsão com as folhas (300 g) e 3 dentes de alho com casca. Leve os ingredientes ao fogo em uma panela grande junto com 1 colher (chá) de pimenta-do-reino preta em grãos, 1 buquê garni (ver dicas), 1 pedaço de casca de parmesão, 1 colher (chá) de sementes de erva-doce, 400 g de tomates pelados inteiros e 5 litros (20 xícaras) de água. Cozinhe o caldo seguindo as instruções da receita de caldo de legumes (p. 40).

CALDO ASIÁTICO

Pique grosseiramente 1 alho-poró grande (350 g), 2 cenouras grandes (360 g), 2 talos de salsão com as folhas (300 g), 3 dentes de alho com casca, 1 pedaço de gengibre (10 cm) e 4 cebolinhas. Coloque os ingredientes em uma panela grande junto com 1 colher (chá) de pimenta-do-reino preta em grãos, 20 raminhos de coentro fresco, 1 pau de canela, 3 anises-estrelados, ½ xícara (125 ml) de molho tamari e 5 litros (20 xícaras) de água. Cozinhe o caldo seguindo as instruções da receita de caldo de legumes (p. 40).

DICAS

Prepare um buquê garni fazendo um amarradinho com: 3 folhas de louro frescas, 2 ramos de alecrim fresco, 6 ramos de tomilho fresco e 6 ramos de salsinha fresca. Prenda com barbante.

Você pode guardar cascas de legumes e hortaliças em um pote na geladeira e usá-las no preparo de caldos. Além de sustentável, essa medida deixa o caldo bem saboroso.

Prepare o caldo de véspera. Deixe-o descansando por uma noite e coe no dia seguinte. Desse modo, o caldo vai pegar melhor os sabores dos ingredientes, ficando ainda mais gostoso. Congele as sobras de caldo em fôrmas de gelo para usar em outras receitas.

VEGANIZE!

USE MOLHO DE SOJA OU SAL EM VEZ DE MOLHO DE PEIXE E SUBSTITUA O FRANGO POR UM MIX DE COGUMELOS.

Frango com macarrão oriental EM ÁGUA DE COCO PICANTE

PRÉ-PREPARO + COZIMENTO 35 MINUTOS **PARA** 4 PESSOAS

- 1 litro (4 xícaras) de água de coco (ver dica)
- 1 colher (sopa) de gengibre fresco ralado
- 2 dentes de alho bem picados
- ¼ de xícara (60 ml) de molho de peixe
- 30 g de açúcar mascavo
- 300 g de filé de peito de frango caipira
- 600 g de macarrão de arroz (bifum)
- 2 pepinos japoneses (260 g) cortados ao meio no comprimento e em fatias finas na diagonal
- 4 cebolinhas cortadas em fatias finas
- 2 xícaras (160 g) de broto de feijão
- ¾ de xícara de folhas de coentro fresco
- ¾ de xícara de folhas de hortelã fresca
- ½ xícara de folhas de manjericão fresco
- 1 pimenta dedo-de-moça cortada em fatias finas na diagonal
- ⅓ de xícara (45 g) de amêndoas tostadas em lascas
- 1 limão médio (90 g) cortado em quatro

1 Leve a água de coco, o gengibre, o alho, o molho de peixe e o açúcar ao fogo, em uma panela grande, até que levante fervura. Adicione o frango e deixe ferver novamente. Reduza o fogo, tampe a panela e cozinhe o frango, em fogo brando, por 12 minutos ou até cozinhar por completo. Retire o frango da panela (reserve o caldo) e deixe esfriar por 10 minutos. Desfie o frango.

2 Devolva o caldo ao fogo para levantar fervura. Reduza o fogo; sem tampar, deixe ferver, em fogo brando, por 10 minutos ou até reduzir um pouco. Retire do fogo.

3 Acrescente o frango e o macarrão. Deixe descansar por 5 minutos ou até que os ingredientes esquentem. Distribua a sopa em tigelinhas de servir e finalize com o pepino, a cebola, o broto de feijão, as ervas frescas, a pimenta dedo-de-moça e as lascas de amêndoa. Sirva acompanhado de limão.

dica Use água de coco 100% natural, sem adição de adoçantes.

Salada caprese de pêssego
COM ESPETINHOS DE FRANGO

PRÉ-PREPARO + COZIMENTO 25 MINUTOS **PARA** 4 PESSOAS

400 g de filés de peito de frango caipira cortados em cubos

1½ colher (sopa) de azeite de pimenta

4 pêssegos médios (600 g) cortados em fatias grossas

250 g de mozarela de búfala rasgada em pedaços

4 tomates médios (600 g) cortados em fatias finas

½ xícara de manjericão fresco

1 colher (sopa) de vinagre claro

PESTO DE HORTELÃ E PISTACHE

½ xícara (70 g) de pistache descascado

1½ xícara de hortelã fresca

1 xícara de salsinha fresca picada grosseiramente

1 dente de alho amassado

2 colheres (chá) de raspas da casca de limão-siciliano

2 colheres (chá) de suco de limão-siciliano

½ xícara (125 ml) de azeite de oliva extra virgem

1 Prepare o pesto de hortelã e pistache.

2 Em uma tigela média, misture o frango e 1 colher (sopa) do azeite de pimenta. Distribua os pedaços de frango nos espetinhos.

3 Grelhe os espetinhos de frango em uma chapa (frigideira ou churrasqueira) quente e levemente untada por 10 minutos, juntando os pêssegos nos últimos 2 minutos de cozimento do frango ou até que a carne esteja bem cozida e os pêssegos, dourados.

4 Faça camadas de pêssego com mozarela, tomate e manjericão, regue com o vinagre e o restante do azeite. Sirva a salada com o frango e o pesto.

pesto de hortelã e pistache Bata os ingredientes no processador até formar um molho liso e homogêneo; tempere com sal a gosto.

dicas A mozarela de búfala tem um sabor mais ácido que o da mozarela de leite de vaca. Aliás, uma pode substituir a outra. Se optar por espetinhos de bambu na receita, coloque-os em uma jarra alta, encha de água fervente e deixe descansar por 5 minutos antes de usá-los.

TIRE A CARNE!

VOCÊ PODE SUBSTITUIR OS ESPETINHOS DE FRANGO POR ASPARGOS, TOFU OU BERINJELA GRELHADOS.

TIRE A CARNE!
SUBSTITUA O BACON POR PEDAÇOS DE QUEIJO FETA E GRÃOS DE MILHO COZIDO.

Bolinhos defumados DE TOMATE E BACON

PRÉ-PREPARO + COZIMENTO 40 MINUTOS (+ DESCANSO) PARA 4 PESSOAS

O abacate é fonte de 14 vitaminas e sais minerais, além de ácidos graxos monossaturados, benéficos para a saúde cardiovascular.

250 g de bacon cortado em fatias grossas e picado grosseiramente

2 dentes de alho amassados

400 g de tomates maduros bem picados

2 colheres (chá) de páprica defumada

2 colheres (sopa) de cebolinha fresca

2 ovos caipiras

⅓ de xícara (80 ml) de leite

1 xícara (150 g) de farinha de espelta

½ colher (chá) de fermento químico em pó

1 abacate médio (250 g)

½ xícara (150 g) de maionese

1 colher (sopa) de suco de limão-siciliano

1 dente de alho amassado (extra)

2 colheres (sopa) de azeite

1 bulbo de erva-doce grande (550 g) cortado em fatias finas

1 colher (sopa) de cebolinha fresca (extra)

1 Leve ao fogo alto uma frigideira antiaderente grande; frite o bacon até que fique crocante e dourado. Passe para uma tigela grande.

2 Adicione o alho, o tomate, a páprica, a cebolinha, o ovo, o leite e misture. Junte a farinha peneirada e misturada com o fermento em pó; tempere com sal e misture. Deixe a massa descansar por 15 minutos.

3 Bata a polpa de abacate no processador ou liquidificador com a maionese, o suco do limão e o dente de alho extra até formar um creme homogêneo. Tempere a gosto.

4 Devolva a frigideira em que fritou o bacon ao fogo médio e esquente o azeite. Forme os bolinhos usando 2 colheres (sopa) de massa. Coloque-os com cuidado na frigideira e frite-os por 2 minutos, ou até se formarem bolhas na superfície. Vire os bolinhos e frite-os até que o outro lado fique ligeiramente dourado. Repita com o restante da massa até completar a quantidade de 8 bolinhos.

5 Em uma tigela pequena, misture a erva-doce e a cebolinha extra.

6 Sirva os bolinhos com a salada de erva-doce e o creme de abacate.

Falsa pizza de batata-doce, PRESUNTO CRU E MOZARELA DEFUMADA

PRÉ-PREPARO + COZIMENTO 45 MINUTOS **PARA** 4 PESSOAS

400 g de batata-doce cortada em fatias finas

8 pães folha (wraps) com chia (200 g)

1 xícara (80 g) de parmesão ralado fino

8 fatias de presunto cru (120 g) rasgadas

¼ de xícara de sálvia fresca

2 colheres (chá) de raspas da casca de limão-siciliano

250 g de mozarela defumada cortada em fatias finas

70 g de rúcula baby

1½ colher (sopa) de vinagre balsâmico

1 colher (sopa) de azeite

4 figos frescos grandes (320 g) cortados em quatro

1 Preaqueça o forno a 220 °C. Forre 4 assadeiras rasas com papel-manteiga.

2 Cozinhe a batata-doce em água fervente por 5 minutos ou até que fique tenra.

3 Arrume 4 pães folha em assadeiras e salpique-os com o parmesão ralado. Cubra cada pão com outro pão e coloque por cima a batata-doce, o presunto cru, a sálvia, as raspas da casca de limão e a mozarela. Leve-os ao forno para assar por 12 minutos ou até que fiquem dourados e crocantes.

4 Em uma tigela grande, misture a rúcula, o vinagre e o azeite. Distribua os figos e a salada de rúcula por cima dos pães.

TIRE A CARNE!

NÃO USE O PRESUNTO CRU E AUMENTE A QUANTIDADE DE BATATA-DOCE PARA 500 G.

TIRE A CARNE!
TROQUE O LOMBO POR FATIAS DE QUEIJO HALOUMI OU COALHO.

Salada de beterraba, LARANJA E LOMBO SUÍNO

PRÉ-PREPARO + COZIMENTO 40 MINUTOS **PARA** 4 PESSOAS

200 g de filé de lombo suíno

1 baguete integral (240 g) cortada ao meio no sentido do comprimento, e cada metade cortada ao meio novamente

2 colheres (sopa) de azeite

440 g de minibeterrabas em conserva cortadas ao meio

3 laranjas pequenas (570 g) descascadas e cortadas em fatias finas

100 g de folhas de radicchio rasgadas

75 g de mix de folhas verdes

8 tâmaras sem caroço (160 g) cortadas ao meio

½ xícara (60 g) de azeitonas pretas gregas sem caroço cortadas ao meio

2 colheres (sopa) de sementes de abóbora torradas

2 colheres (sopa) de sementes de girassol torradas

2 colheres (chá) de sementes de papoula

MOLHO DE LARANJA E FRAMBOESA

2 colheres (sopa) de vinagre de framboesa

2 colheres (sopa) de azeite

1 colher (sopa) de água de flor de laranjeira

1 dente de alho pequeno amassado

2 colheres (chá) de cebolinha picada

1 Prepare o molho de laranja e framboesa.

2 Regue o lombo e o pão com o azeite e tempere com sal a gosto. Grelhe o lombo em uma frigideira, grill ou churrasqueira aquecida e untada, virando sempre, por 15 minutos ou até a carne cozinhar por completo. Deixe a carne descansar por 5 minutos antes de cortá-la em fatias grossas. Grelhe o pão em chapa (ou frigideira) quente e untada por 2 minutos de cada lado ou até que doure. Rasgue o pão em pedaços grandes.

3 Em uma tigela grande, misture o lombo com a beterraba, a laranja, o radicchio, as folhas verdes, as tâmaras, as azeitonas e o molho. Finalize a salada com as sementes e sirva com o pão.

molho de laranja e framboesa Misture todos os ingredientes em uma tigela pequena. Tempere a gosto.

dica Se preferir, você pode trocar o lombo por peito ou sobrecoxa de frango.

Frango ao tomilho e limão
COM MOLHO DE ALCAPARRONE

PRÉ-PREPARO + COZIMENTO 50 MINUTOS **(+ DESCANSO) PARA** 4 PESSOAS

4 peitos de frango caipira (1 kg) inteiros com pele e com osso

¼ de xícara (60 ml) de azeite

2 colheres (sopa) de tomilho fresco

1 colher (sopa) de raspas de casca de limão-siciliano

½ nabo daikon (750 g)

2 cenouras grandes (360 g)

1 dente de alho amassado

2 colheres (sopa) de vinagre balsâmico branco

½ xícara (100 g) de sementes de abóbora torradas

¾ de xícara de salsinha fresca picada grosseiramente

2 colheres (sopa) de iogurte grego natural

¼ de xícara de salsinha fresca (extra)

¼ de xícara de tomilho fresco (extra)

MOLHO DE ALCAPARRONE

1 xícara (160 g) de alcaparrone

2 colheres (sopa) de azeite

2 colheres (sopa) de suco de limão-siciliano

1½ colher (chá) de pimenta rosa levemente amassada

1 Preaqueça o forno a 220 °C. Forre uma assadeira rasa com papel-manteiga.

2 Em uma tigela grande, tempere o frango com 1 colher (sopa) de azeite, o tomilho e as raspas de casca de limão; deixe descansar por 10 minutos.

3 Com o auxílio de um descascador de legumes, faça fitas finas e compridas do nabo e da cenoura (não descarte o miolo dos legumes; ver dicas). Em outra tigela grande, junte as fitas com o alho, o vinagre, as sementes de abóbora, a salsinha picada e o iogurte; tempere com sal. Mexa para misturar.

4 Leve uma frigideira grande ao fogo médio/alto. Sele os peitos de frango por 3 minutos de cada lado ou até que dourem. Passe para a assadeira e leve ao forno por 12 minutos ou até a carne cozinhar.

5 Prepare o molho de alcaparrão.

6 Sirva o frango com a salada de legumes e o molho; finalize com as ervas frescas.

molho de alcaparrão Corte ao meio ¾ da quantidade de alcaparrões, sem retirar os cabinhos; reserve os que sobrarem para decoração. Em uma tigela pequena, misture os alcaparrões cortados com o azeite, o suco de limão e a pimenta rosa.

dicas Se preferir, use filés de peito de frango sem pele. Você pode aproveitar o miolo da cenoura e do nabo em uma sopa.

TIRE A CARNE!
SUBSTITUA O FRANGO POR QUEIJO HALOUMI OU COALHO.

Para os PESCETARIANOS

Para o ovolactovegetariano que também come peixes e frutos do mar. As receitas deste capítulo não levam carne vermelha nem frango.

Tacos de ceviche de CAVALA E PICLES DE RABANETE

PRÉ-PREPARO + COZIMENTO 45 MINUTOS **(+ DESCANSO) PARA** 4 PESSOAS

2 xícaras (160 g) de repolho branco cortado em tiras finas

½ xícara de coentro picado grosseiramente

¼ de xícara (60 ml) de suco de limão

¼ de xícara (60 ml) de azeite

1 xícara (240 g) de creme azedo (sour cream; ver glossário)

1 colher (sopa) de molho sriracha ou outro molho de pimenta

400 g de cavala cortada em pedaços de 1,5 cm

2 cebolinhas cortadas em fatias finas

8 tortilhas de milho

2 abacates médios (500 g) picados grosseiramente

2 colheres (sopa) de orégano fresco picado

PICLES DE RABANETE

1 colher (chá) de sementes de cominho

¼ de xícara (60 ml) de vinagre de maçã

1 colher (chá) de açúcar

sal marinho a gosto

6 rabanetes (210 g) sem os talos e cortados em fatias finas

1 Prepare os picles de rabanete.
2 Enquanto isso, misture o repolho, o coentro, 1 colher (sopa) do suco de limão e 1 colher (sopa) do azeite em uma tigela média; tempere com sal a gosto.
3 Em uma tigela pequena, misture o creme azedo e o molho de pimenta; tempere a gosto.
4 Misture o peixe, a cebolinha, o suco de limão restante e 1 colher (sopa) do azeite em uma tigela grande de vidro ou cerâmica. Cubra com filme de PVC e leve à geladeira por 25 minutos, ou até o peixe ficar opaco e cozido (curado).
5 Grelhe as tortilhas em uma frigideira, grill ou churrasqueira aquecida e untada, virando sempre, por 30 minutos ou até que fiquem douradas e aquecidas.
6 Sirva as tortilhas com a salada de repolho, o peixe, o abacate, os picles de rabanete, o creme azedo apimentado e o orégano; regue com o azeite restante.
picles de rabanete Leve uma frigideira seca ao fogo médio. Coloque as sementes de cominho e deixe no fogo por 2 minutos ou até elas começarem a soltar seu aroma. Em uma tigela média, misture as sementes com o vinagre, o açúcar e o sal e mexa até o açúcar se dissolver. Adicione o rabanete e deixe descansar por 10 minutos.

dicas O ceviche é um prato famoso, típico da América do Sul, em que peixe e frutos do mar "cozinham" no suco de frutas cítricas. O sriracha é um molho de pimenta médio/forte encontrado em bons supermercados e empórios de produtos asiáticos.

Salada de truta assada, ERVA-DOCE E TRIGO-SARRACENO

PRÉ-PREPARO + COZIMENTO 1 HORA 15 MINUTOS **PARA** 4 PESSOAS

3 bulbos de erva-doce pequenos (390 g) sem as folhas (reserve-as)

¼ de xícara (60 ml) de suco de limão-siciliano

¼ de xícara (60 ml) de azeite

1 dente de alho pequeno picado

1 colher (sopa) de raspas de casca de limão-siciliano

3 filés de truta sem pele (660 g)

1 xícara (200 g) de trigo-sarraceno

1 xícara de salsinha fresca rasgada

MOLHO DE LIMÃO E COENTRO

2 colheres (chá) de sementes de coentro

½ xícara de coentro fresco

⅓ de xícara (80 ml) de suco de limão-siciliano

2 colheres (sopa) de azeite extra virgem

1 dente de alho pequeno picado

½ colher (chá) de páprica defumada

1 Preaqueça o forno a 180 °C. Forre 2 assadeiras rasas com papel-manteiga.
2 Corte 2 bulbos de erva-doce em tiras finas (no sentido do comprimento) e coloque-as em uma das assadeiras. Corte o bulbo de erva-doce restante em fatias finas. Misture essas fatias com 1 colher (sopa) do suco de limão-siciliano em uma tigela pequena e reserve.
3 Misture o azeite, o alho, as raspas e o suco restante do limão-siciliano em uma jarrinha; tempere com sal a gosto. Regue a erva-doce cortada em tiras com metade dessa mistura e leve ao forno para assar por 35 minutos, ou até que fiquem macias.
4 Arrume os filés de truta na outra assadeira e regue com o restante da mistura de limão. Leve ao forno para assar por 12 minutos, ou até cozinhar quase por completo; desfie em pedaços grandes.
5 Aqueça uma frigideira média em fogo médio. Toste o trigo-sarraceno, mexendo sempre, até que fique dourado.
6 Em uma panela média, cozinhe o trigo-sarraceno, em água fervente, por 20 minutos ou até que fique macio. Escorra. Deixe esfriar um pouco.
7 Prepare o molho de limão e coentro.
8 Em uma tigela grande, misture a erva-doce assada, a erva-doce crua, as folhas de erva-doce reservadas, o peixe, o trigo-sarraceno e o molho; misture. Tempere com sal a gosto.
molho de limão e coentro Leve uma frigideira seca com as sementes de coentro ao fogo médio. Sem parar de mexer, deixe por 2 minutos no fogo ou até elas começarem a torrar e soltar seu aroma; deixe esfriar. Triture as sementes no pilão. Bata no processador as sementes moídas de coentro com os demais ingredientes até formar um molho homogêneo. Tempere com sal a gosto.

Bolinhos de camarão E CURRY VERMELHO

PRÉ-PREPARO + COZIMENTO 35 MINUTOS **(+ GELADEIRA) PARA** 4 PESSOAS

400 g de camarões graúdos crus descascados e picados grosseiramente

4 folhas frescas de limão kaffir cortadas em tiras finas

1 ovo caipira

3 colheres (chá) de pasta de curry vermelho

1 colher (chá) de molho de peixe

½ colher (chá) de açúcar mascavo

¼ de xícara (25 g) de vagens cortadas em tiras finas

⅓ de xícara (35 g) de coco fresco ralado grosso (ver dicas)

2½ xícaras (280 g) de mamão verde ralado (ver dicas)

1 pepino japonês (130 g) cortado em tiras finas (ver dicas)

½ cebola roxa pequena (50 g) cortada em fatias finas

1 xícara de coentro fresco

1 xícara de manjericão tailandês ou comum fresco

½ xícara (70 g) de amendoim sem pele torrado

2 colheres (sopa) de óleo vegetal

MOLHO DE LIMÃO

2 colheres (sopa) de suco de limão

1 colher (sopa) de molho de peixe

1 colher (sopa) de água

2½ colheres (chá) de açúcar mascavo

1 Leve ao processador 150 g dos camarões picados com metade das folhas de limão kaffir, o ovo, a pasta de curry, o molho de peixe e o açúcar até formar uma massa homogênea; passe para uma tigela grande. Junte as vagens, o restante dos camarões picados e metade do coco; misture. Tempere com sal. Molde a massa, formando 8 bolinhos. Cubra com filme de PVC e leve à geladeira por 30 minutos.
2 Prepare o molho de limão.
3 Em uma tigela grande, misture bem o mamão verde ralado, o pepino, a cebola, o coentro, o manjericão, o amendoim, o restante do coco e das folhas de limão com o molho de limão.
4 Leve uma frigideira grande ao fogo médio/alto. Esquente o óleo e frite os bolinhos por 2min30seg de cada lado, ou até que dourem e cozinhem por completo. Sirva os bolinhos acompanhados da salada de mamão.
molho de limão Misture todos os ingredientes em uma tigela pequena até o açúcar se dissolver.

dicas Para abrir um coco seco, fure um dos "olhos" e retire a água. Leve-o ao forno a 220 °C por 15 minutos até a casca rachar. Espere o coco esfriar, retire a casca dura e rale a polpa. Uma forma fácil de ralar o mamão e o pepino em tiras finas e compridas é usando um espiralizador de legumes, disponível em lojas de utensílios domésticos.

VEGANIZE!
TROQUE A LULA POR BERINJELA.

Fattoush com LULA GRELHADA

PRÉ-PREPARO + COZIMENTO 50 MINUTOS **(+ GELADEIRA) PARA** 4 PESSOAS

1½ colher (chá) de sementes de cominho

1 colher (chá) de coentro em pó

2 dentes de alho amassados

½ colher (chá) de pimenta calabresa em flocos

¼ de xícara (60 ml) de azeite

2 colheres (sopa) de suco de limão-siciliano

6 lulas médias inteiras e limpas (720 g)

3 tomates médios (450 g) picados grosseiramente

1½ colher (chá) de sal marinho

1 pepino japonês (130 g) sem sementes, cortado ao meio no comprimento e picado grosseiramente

1 xícara de hortelã fresca

1 xícara de salsinha fresca

óleo para untar

2 pães árabes integrais (160 g) cortados ao meio

1 Leve uma frigideira seca ao fogo médio com as sementes de cominho e o coentro em pó e deixe tostar por 2 minutos ou até os ingredientes começarem a soltar seu aroma. Transfira a mistura para uma tigela média com o alho, a pimenta calabresa, o azeite e o suco de limão; misture. Reserve 2 colheres (sopa) dessa mistura em um copo.
2 Coloque uma faca de chef (de lâmina larga) dentro do corpo de uma lula. Com o auxílio de uma outra faca, faça talhos transversais no corpo dando intervalos de 2 cm (a faca enfiada no meio impede que você vá até o fim e corte em anéis). Repita o processo com as outras lulas. Coloque as lulas e os tentáculos na tigela contendo a mistura de temperos e mexa para cobri-los com os temperos. Leve à geladeira por 2 horas.
3 Coloque os tomates em um escorredor de macarrão e salpique com sal; deixe descansar por 10 minutos. Em uma tigela média, misture os tomates, o pepino, a hortelã e a salsinha.
4 Leve o pão e as lulas a uma frigideira, um grill ou uma churrasqueira quente e levemente untada até o pão torrar e as lulas grelharem e cozinharem por completo.
5 Quebre o pão torrado em pedacinhos. Adicione a mistura de temperos reservada e metade do pão à mistura de tomates. Misture bem. Sirva a lula com o fattoush e o restante do pão.

dicas Use tomates grandes e maduros para deixar sua salada melhor ainda. Caso você tenha dificuldade para cortar o pão árabe ao meio, leve-o ao micro-ondas na potência máxima por 10 segundos. O vapor que se forma ajuda a abrir o pão.

Peixe empanado com salada DE MELANCIA E JALAPEÑO

PRÉ-PREPARO + COZIMENTO 50 MINUTOS **PARA** 4 PESSOAS

1¼ xícara (185 g) de farinha de trigo com fermento

⅔ de xícara (160 ml) de cerveja gelada

2 colheres (chá) de tempero pronto de sal e alho

óleo vegetal para fritar

400 g de peixe de carne branca e firme (ver dica) cortado em iscas

2 pães árabes (160 g)

SALADA DE MELANCIA E JALAPEÑO

2 jalapeños frescos cortados em fatias finas

1 cebola roxa pequena (100 g) cortada em fatias finas

1 dente de alho cortado em fatias finas

2 colheres (sopa) de vinagre claro

1 colher (chá) de açúcar

500 g de melancia (sem sementes) picada grosseiramente

1 pé de alface-romana (180 g) sem o talo (folhas separadas)

2 abacates pequenos (400 g) cortados em fatias finas

1 xícara de coentro fresco

2 colheres (sopa) de suco de limão

1 colher (sopa) de azeite

1 Em uma tigela média, misture com o auxílio de um garfo ¾ de xícara de farinha, a cerveja e o tempero de sal com alho até formar uma massa grossa; leve à geladeira por 15 minutos.

2 Prepare a salada de melancia e jalapeño.

3 Preencha ⅓ de uma wok com óleo e esquente até atingir a temperatura de 180 °C (faça um teste: jogue um pedaço de miolo de pão no óleo. Para saber se o óleo está bom, o miolo deve dourar em 15 segundos). Coloque o restante da farinha em uma tigela média. Empane os pedaços de peixe na farinha de trigo da tigela, sacudindo-os para retirar o excesso. Mergulhe-os na massa feita com cerveja e escorra o excesso. Frite os pedaços de peixe em imersão no óleo da wok, aos poucos, até ficarem dourados e bem cozidos. Escorra em papel-toalha.

4 Sirva o peixe imediatamente com a salada e pão árabe.

salada de melancia e jalapeño Em uma tigela grande, misture os jalapeños, a cebola, o alho, o vinagre e o açúcar e deixe descansar por 10 minutos. Escorra, descartando o líquido. Devolva a mistura à tigela. Acrescente a melancia, a alface, o abacate, o coentro, o suco de limão e o azeite e misture.

dica Nesta receita usamos pargo, mas você pode usar qualquer peixe de carne branca e firme.

TIRE A CARNE!
SUBSTITUA O PEIXE POR PEDAÇOS GRELHADOS DE QUEIJO HALOUMI OU COALHO.

Bolinhos de camarão
ERVILHA, ESTRAGÃO E AMÊNDOA

PRÉ-PREPARO + COZIMENTO 45 MINUTOS **(+ GELADEIRA) PARA** 4 PESSOAS

1½ xícara (180 g) de ervilha fresca

1 dente de alho descascado

250 g de camarões graúdos crus, descascados e picados grosseiramente

1 colher (sopa) de estragão fresco picado grosseiramente

½ colher (chá) de raspas de casca de limão-siciliano

1 colher (sopa) de amêndoa moída

2 xícaras bem cheias (235 g) de folhas de agrião

1 bulbo de erva-doce grande (300 g) cortado em fatias finas

1 talo de salsão (150 g) sem as folhas e cortado em pedaços grossos na diagonal

¼ de xícara (40 g) de amêndoas sem pele torradas e picadas grosseiramente

1 colher (sopa) de estragão fresco (extra)

2 colheres (sopa) de azeite

MOLHO DE MOSTARDA E LIMÃO

1½ colher (sopa) de mostarda de Dijon

1 colher (sopa) de suco de limão-siciliano

1 colher (sopa) de azeite

1 Cozinhe as ervilhas em água, no vapor ou no micro-ondas até que fiquem macias; escorra.

2 Bata no processador ou liquidificador o alho, 1 xícara de ervilha, os camarões, o estragão picado, as raspas da casca de limão e a amêndoa moída até formar uma massa homogênea; tempere com sal. Com as mãos untadas de óleo, molde 16 bolinhos (use a quantidade de uma colher de sopa como medida), achatando-os de leve. Cubra com filme de PVC e leve à geladeira por 1 hora. (Embora a massa do bolinho seja bem pegajosa, ele não se desmancha durante o cozimento.)

3 Prepare o molho de mostarda e limão.

4 Em uma tigela grande, misture o agrião, a erva-doce, o salsão, as amêndoas, o estragão extra e o restante da ervilha com metade do molho. Misture.

5 Leve uma frigideira grande ao fogo médio/alto. Esquente o óleo e frite os bolinhos por 2 minutos de cada lado, ou até que dourem e cozinhem por completo. Cubra-os para mantê-los aquecidos.

6 Sirva os bolinhos com a salada temperada com o restante do molho.

molho de mostarda e limão Misture todos os ingredientes em uma tigela pequena; tempere com sal a gosto.

dicas Os bolinhos podem ser preparados com até uma semana de antecedência. Conserve-os na geladeira em pote hermeticamente fechado. Use um cortador mandolin para cortar a erva-doce em fatias bem finas.

Poke de atum E LEGUMES

PRÉ-PREPARO + COZIMENTO 35 MINUTOS **PARA** 4 PESSOAS

⅓ de xícara (80 ml) de molho teriyaki

⅓ de xícara (80 ml) de vinagre de arroz

1 colher (sopa) de gengibre fresco ralado

450 g de arroz integral cozido

370 g de atum em lata ao natural (conservado em água) escorrido

1 pepino japonês (130 g) sem sementes, cortado ao meio no comprimento e em fatias finas

1 abacate grande (320 g) cortado em fatias finas

1 cenoura grande (180 g) cortada em tiras finas

⅓ de xícara (90 g) de gengibre em conserva (escorrido) cortado em tiras finas

1 colher (sopa) de gergelim torrado

½ folha de alga nori torrada e bem picada

1 Misture o molho teriyaki, o vinagre e o gengibre em uma tigela pequena.

2 Reaqueça o arroz.

3 Em outra tigela, misture o arroz morno com metade do molho.

4 Sirva o arroz com o atum, o pepino, o abacate, a cenoura e o gengibre. Regue com o restante do molho; salpique com o gergelim e a alga picada.

Guarde as espinhas para fazer caldos Ao pedir que o peixeiro corte seu pescado em filés, peça também para levar as espinhas. Você pode usá--las para fazer caldos. Em casa, refogue 1 cenoura e 1 cebola, junte as espinhas, um pouquinho de vinho branco e deixe ferver, mexendo sempre, até as espinhas ficarem opacas. Cubra com água e ferva em fogo brando por 30 minutos; escorra. Deixe esfriar e leve à geladeira. Use em 3 dias ou congele por até 1 mês.

Ervas para Peixes

ERVAS DE FOLHAS MACIAS São melhores quando frescas, mas você também pode aproveitar os talos recheando a cavidade do peixe com eles, deixando o prato ainda mais gostoso.

SALADA DE ERVAS Misture folhas de coentro, hortelã e salsinha com cebola cortada em fatias finas.

ERVAS FIBROSAS Por serem de sabor muito forte, o alecrim e a sálvia não são boas opções para temperar peixe. No entanto, tomilho e louro casam bem com peixes gordurosos.

Temperos ácidos que COMBINAM COM PEIXES

UMA ESPREMIDA DE LIMÃO OU UMA COLHERADA DE VINAGRE; MINIPEPINOS OU ALCAPARRAS; UMA COLHERADA DE MOSTARDA DE DIJON, IOGURTE NATURAL OU CREME AZEDO (SOUR CREAM).

ESCOLHA BEM

O CONSUMO DE PESCADOS TRAZ INÚMEROS BENEFÍCIOS PARA A SAÚDE, MAS, COM O DECLÍNIO DA QUANTIDADE DE PEIXES NOS OCEANOS, É IMPORTANTE FAZER ESCOLHAS SUSTENTÁVEIS. DÊ PREFERÊNCIA A PEIXES MENORES EM VEZ DOS GRANDES COMO ATUM E PEIXE-ESPADA, ESPÉCIES AMEAÇADAS DE EXTINÇÃO. CONVERSE COM UM PEIXEIRO DE CONFIANÇA E BUSQUE OPÇÕES DE MENOR PROCURA.

COMO APROVEITAR SOBRAS DE PEIXE

Misture o peixe desfiado com cevada cozida, pepino e muitas ervas frescas.

Misture o peixe com quinoa, ervas frescas e um ovo para formar uma massa. Molde os bolinhos e frite com pouco óleo.

Aproveite sobras de peixe em uma omelete com couve e alcaparra.

Delícia azedinha Se a receita pedir apenas o suco do limão, não desperdice a casca! Com um ralador fino, faça raspas da casca antes de espremer o limão. Meça porções de ½ colher (chá) e congele-as para uso posterior. Além do sabor cítrico marcante, a casca contém dois antioxidantes — limoneno e cumarina — com ação comprovada no estímulo à enzima de desintoxicação que ajuda o organismo a eliminar substâncias que possam causar câncer.

PEIXES
Como guardar

COMO O PEIXE É ALTAMENTE PERECÍVEL, RECOMENDAMOS QUE VOCÊ O COMPRE NO DIA QUE FOR PREPARÁ-LO. NA GELADEIRA, É POSSÍVEL CONSERVAR PEIXE E CAMARÃO CRUS E PRATOS COZIDOS DE PEIXE POR ATÉ 2 DIAS. IMPORTANTE: LEVE OS PRATOS PRONTOS IMEDIATAMENTE À GELADEIRA, EVITANDO QUE FIQUEM POR TEMPO PROLONGADO EM TEMPERATURA AMBIENTE.

DICA ESPERTA
CONSUMIR PEIXES MENOS VALORIZADOS AJUDA A PRESERVAR O MEIO AMBIENTE.

SABENDO USAR
não vai faltar

COMO...

RETIRAR AS ESPINHAS

As espinhas menores localizam-se ao lado da espinha principal do peixe e seguem o lado mais espesso da carne. Passe os dedos para localizar as espinhas; retire-as com o auxílio de uma pinça limpa.

PELE DE PEIXE CROCANTE

Seque a pele do peixe com papel-toalha e salpique com sal. Coloque um pouco de azeite em uma frigideira de fundo grosso bem quente. Frite o peixe com a pele para baixo, apertando-o com o auxílio de uma espátula até a pele ficar crocante. Vire e frite o outro lado.

RETIRAR A PELE

Insira uma faca afiada e flexível horizontalmente entre a pele e a carne; segure a pele com a outra mão. Segurando a faca com firmeza, vá passando a lâmina por cima do filé para separar a pele da carne.

COZINHAR PEIXES PERFEITAMENTE

Peixe cozinha muito rápido, e continua a cozinhar mesmo depois de retirado do fogo. Para evitar que o peixe passe do ponto, retire-o da frigideira pouco antes de considerá-lo cozido. Na hora de servir, ele estará perfeito.

Quinoa com camarão AO GENGIBRE PICANTE

PRÉ-PREPARO + COZIMENTO 35 MINUTOS **(+ GELADEIRA) PARA** 4 PESSOAS

Comece a preparar esta receita de véspera (ver dica).

1 xícara (200 g) de quinoa

2 colheres (chá) de óleo de amendoim

2 colheres (chá) de óleo de gergelim

1 kg de camarões limpos (sem casca e sem vísceras), crus e com o rabo

2 dentes de alho cortados em fatias finas

1 pedaço (20 g) de gengibre fresco cortado em tiras finas

1 pimenta dedo-de-moça cortada em fatias finas

4 cebolinhas cortadas em fatias finas

¾ de xícara (90 g) de ervilha fresca

2 colheres (sopa) de kecap manis (molho de soja adocicado; ver glossário)

½ xícara de coentro fresco

1 Em uma panela grande com água fervente, cozinhe a quinoa por 12 minutos ou até ficar macia. Escorra. Espalhe a quinoa cozida em uma assadeira. Leve à geladeira, sem cobrir, por 1 noite.

2 Em uma wok, esquente os óleos em fogo alto; frite os camarões, mexendo sempre, por 1 minuto ou até que eles cozinhem por completo. Acrescente o alho, o gengibre e metade da pimenta dedo-de-moça. Refogue, mexendo sempre, por 1 minuto ou até que soltem seu aroma. Adicione as cebolinhas e as ervilhas; refogue por 1 minuto, ou até a mistura esquentar.

3 Junte a quinoa cozida e o molho kecap manis e refogue por 1 minuto ou até a mistura esquentar. Finalize com o coentro e o restante da pimenta.

dica Caso esteja com pouco tempo, cozinhe a quinoa no mesmo dia. Cozinhe-a, escorra e espalhe sobre uma assadeira. Leve-a ao freezer por 15 minutos e faça a receita normalmente.

Banh mi de peixe com picles de legumes e MAIONESE PICANTE

PRÉ-PREPARO + COZIMENTO 35 MINUTOS **(+ GELADEIRA) PARA** 4 PESSOAS

2 colheres (chá) de óleo de amendoim

2 colheres (chá) de óleo de gergelim

8 filés pequenos de pescada ou robalo (880 g)

2 pães baguete (300 g) sem as pontas e divididos ao meio

1 pepino japonês (130 g) sem sementes, cortado ao meio no sentido do comprimento e em fatias finas

1 cebolinha cortada em fatias finas na diagonal

1 pimenta dedo-de-moça cortada em fatias finas

8 ramos grandes de coentro fresco

PICLES DE LEGUMES

½ xícara (110 g) de açúcar

½ xícara (125 ml) de vinagre de arroz

½ colher (chá) de sal grosso (prefira as pedras pequenas) ou sal rosa

1 cenoura média (120 g) cortada em fatias finas

¼ de nabo japonês (150 g) cortado em fatias finas

MAIONESE PICANTE

¼ de xícara (75 g) de maionese

3 colheres (chá) de sriracha ou outro molho de pimenta

1 Prepare os picles de legumes e a maionese picante.
2 Leve uma frigideira grande ao fogo alto e adicione os dois óleos. Frite os filés de peixe por 2min30seg de cada lado, ou até que cozinhem por completo.
3 Corte os pães ao meio no sentido horizontal. Espalhe maionese nos pães; coloque o peixe, o pepino, a cebolinha, os picles de legumes, a pimenta e o coentro.
picles de legumes Leve o açúcar, o vinagre e o sal ao fogo brando em uma panela pequena e deixe levantar fervura até o açúcar dissolver, mas não caramelizar. Passe essa mistura para uma tigela média e junte a cenoura e o nabo. Leve à geladeira por 1 hora. Escorra.
maionese picante Misture todos os ingredientes em uma tigela pequena. Tempere a gosto. Leve à geladeira até a hora de usar.

dica O sriracha é um molho de pimenta médio/forte encontrado em bons supermercados e empórios de produtos asiáticos.

Risoto de cevadinha e camarão com GREMOLATA DE PIMENTA

PRÉ-PREPARO + COZIMENTO 50 MINUTOS **PARA** 4 PESSOAS

1 colher (sopa) de azeite

1 cebola média (150 g) bem picada

2 dentes de alho amassados

1½ xícara (300 g) de cevadinha

1 litro (4 xícaras) de caldo de legumes (ver receita na p. 40) ou água

500 g de camarões graúdos crus e descascados

45 g de rúcula baby

¼ de xícara (20 g) de parmesão ralado fino

160 g de coalhada seca (ver dicas)

GREMOLATA DE PIMENTA

1 colher (sopa) de raspas de casca de limão-siciliano (ver dicas)

1 pimenta dedo-de-moça sem sementes e bem picada

2 colheres (sopa) de salsinha bem picada

1 Leve uma panela grande ao fogo médio/alto. Esquente o azeite e junte a cebola e o alho. Mexendo sempre, refogue-a por 5 minutos ou até a cebola começar a murchar. Adicione a cevadinha; sem parar de mexer, refogue por 1 minuto ou até que comece a soltar seu aroma. Junte o caldo e deixe levantar fervura. Reduza o fogo. Tampe e deixe ferver em fogo brando por 30 minutos ou até a cevadinha ficar al dente.

2 Adicione os camarões; deixe ferver em fogo brando, destampado, por 5 minutos ou até a cevadinha ficar macia e o líquido evaporar. Acrescente a rúcula e o parmesão e misture.

3 Prepare a gremolata de pimenta misturando os ingredientes em uma tigela pequena.

4 Sirva o risoto com a coalhada seca e a gremolata de pimenta.

dicas A coalhada seca é um queijo fresco cremoso obtido do iogurte natural sorado. Pode ser encontrada em grandes supermercados ou casas de produtos árabes. Caso tenha, use um utensílio próprio para fazer tiras da casca de limão em vez de ralá-la. Se não tiver o utensílio, corte 2 tiras compridas e largas de casca do limão, sem a parte branca e, em seguida, corte-a em tiras bem finas.

Pasteizinhos de espinafre, FEIJÃO-BRANCO E CAMARÃO

PRÉ-PREPARO + COZIMENTO 30 MINUTOS **PARA** 4 PESSOAS

1 colher (sopa) de azeite

100 g de espinafre baby

1 dente de alho amassado

400 g de feijão-branco cozido e escorrido

250 g de camarões médios crus, descascados e cortados em pedaços de 1 cm

¼ de xícara de cebolinha bem picada

32 discos de massa para wonton (ver dica)

1½ xícara (375 ml) de vinho branco seco

1½ xícara (375 ml) de caldo de peixe

pistilos de açafrão a gosto

⅓ de xícara (80 ml) de creme de leite fresco

1 Leve uma frigideira grande ao fogo médio/alto. Esquente o azeite. Refogue o espinafre com o alho até murchar. Escorra e esprema para retirar o excesso de água.

2 Amasse os feijões com as costas de um garfo em uma tigela grande. Adicione o espinafre, os camarões e metade da cebolinha; misture. Tempere com sal.

3 Recheie cada massa de wonton com 2 colheres (chá) da mistura de camarão; pincele as bordas com água. Feche o recheio com a massa, formando um pastelzinho. Aperte as bordas para fechar. Distribua os pastéis na assadeira, formando uma camada única. Repita com o restante das massas e do recheio de camarão.

4 Leve o vinho, o caldo de peixe e o açafrão ao fogo alto em uma frigideira grande. Deixe levantar fervura. Reduza o fogo; sem tampar, ferva em fogo brando por 5 minutos ou até reduzir um pouco. Adicione o creme de leite. Mantenha a mistura aquecida.

5 Cozinhe os pasteizinhos aos poucos em uma panela grande com água fervente por 1min30seg ou até o recheio cozinhar por completo. Escorra.

6 Adicione os pasteizinhos cozidos ao molho de creme juntamente com o restante da cebolinha; misture.

dica Você pode encontrar a massa para wonton em lojas de produtos asiáticos.

TIRE A CARNE!
VOCÊ PODE USAR COGUMELOS PICADOS EM VEZ DE CAMARÃO, E CALDO DE LEGUMES EM VEZ DE CALDO DE PEIXE.

Caldo apimentado com MEXILHÃO E TRIGUILHO

PRÉ-PREPARO + COZIMENTO 1 HORA 35 MINUTOS **PARA** 4 PESSOAS

1 xícara (250 ml) de vinho branco seco

1 kg de mexilhões limpos (ver dicas)

1 colher (sopa) de azeite

1 cebola média (150 g) bem picada

2 talos de salsão (300 g) sem as folhas e cortados em pedaços de 1 cm

400 g de cenouras baby cortadas na diagonal

2 colheres (sopa) de extrato de tomate

1 xícara (170 g) de triguilho demolhado (ver dicas)

½ colher (chá) de pimenta calabresa em flocos

3 xícaras (750 ml) de caldo de peixe

2 colheres (sopa) de salsinha picada grosseiramente

1 limão-siciliano médio (140 g) cortado em quatro

1 Em uma panela grande, leve o vinho ao fogo médio/alto até que levante fervura. Junte os mexilhões, tampe a panela e deixe que cozinhem por 8 minutos ou até abrirem. Escorra-os em um escorredor de macarrão para dentro de uma tigela grande resistente ao calor e reserve o caldo do cozimento. Cubra os mexilhões cozidos com filme de PVC e reserve até a hora de usar.

2 Leve a mesma panela grande ao fogo médio. Esquente o azeite e junte a cebola, o salsão e a cenoura. Refogue por 3 minutos ou até a cebola começar a murchar. Adicione o extrato de tomate, o triguilho e a pimenta; mexendo sempre, cozinhe por 1 minuto ou até soltar seu aroma. Junte o caldo de peixe e o líquido reservado dos mexilhões e deixe levantar fervura. Reduza o fogo; com a panela semitampada, ferva em fogo brando por 1 hora, até o triguilho ficar macio.

3 Junte os mexilhões. Sem tampar a panela, cozinhe-os por 2 minutos ou até que todos se abram. Finalize o prato com a salsinha e sirva com o limão.

dicas Caso encontre, compre mexilhões prontos para uso. Já escovados e limpos, eles podem ir direto para a panela. Alguns talvez nem abram depois de serem cozidos. Esses possivelmente precisem ser abertos com uma faca, ou talvez não tenham cozinhado tão rápido quanto os demais — alguns não abrem se forem muito cozidos. Não é preciso descartá-los. Basta abri-los com a faca e cozinhá-los um pouco mais se quiser. Se preferir, você pode substituir os mexilhões por vôngoles. O triguilho é um alimento ancestral produzido a partir do trigo verde torrado. Em termos nutricionais, o triguilho "bate um bolão": tem baixo índice glicêmico, quatro vezes o teor de fibras do arroz integral, é mais rico em proteínas que o trigo comum e é boa fonte de ferro, magnésio, tiamina, cobre e zinco. Por conter glúten, o triguilho não pode ser consumido por pessoas com restrições. O triguilho pode ser encontrado em supermercados e empórios de produtos árabes.

Tofu com camarão À MODA ORIENTAL

PRÉ-PREPARO + COZIMENTO 35 MINUTOS **(+ DESCANSO) PARA** 4 PESSOAS

Este prato traz os sabores de uma receita de caranguejo tradicional de Cingapura.

300 g de tofu firme cortado em cubos de 3 cm

2 colheres (sopa) de óleo de coco

12 camarões médios (500 g) crus, limpos (sem casca e sem vísceras) e com o rabo

175 g de vagens cortadas em pedaços de 5 cm

2 colheres (sopa) de feijão-preto fermentado, escorrido, lavado e picado grosseiramente

1½ colher (chá) de pimenta-do-reino moída grossa (ver dica)

2 dentes de alho cortados em fatias finas

1 pedaço (20 g) de gengibre fresco cortado em tiras finas

2 colheres (sopa) de molho de ostra

1 colher (chá) de açúcar

2 colheres (sopa) de água

3 cebolinhas cortadas em fatias finas

1 jalapeño fresco cortado em fatias finas

1 Envolva os pedaços de tofu em folhas de papel-toalha e deixe descansar por 30 minutos.

2 Em uma wok, esquente o óleo em fogo alto; refogue os camarões e a vagem, mexendo sempre, por 2 minutos ou até que eles cozinhem por completo. Acrescente o feijão-preto, a pimenta, o alho, o gengibre, o molho de ostra, o açúcar e a água; cozinhe por 1 minuto ou até os ingredientes ficarem bem misturados. Adicione o tofu e a cebolinha; cozinhe por 1 minuto, ou até a mistura esquentar.

3 Finalize com o jalapeño e sirva imediatamente.

dica Para obter a pimenta-do-reino moída grossa, afrouxe a tensão do moedor de pimenta. Outra opção é triturar os grãos usando o pilão.

sugestão Sirva o prato com arroz jasmim cozido ou pão achatado aquecido.

VEGANIZE!

SUBSTITUA OS CAMARÕES POR ASPARGOS E COGUMELOS; USE MOLHO DE OSTRA VEGETARIANO (À BASE DE COGUMELOS).

Não é fácil encontrar uma boa maionese vegana, e a maioria das marcas do mercado é à base de soja. Esta receita, além de não conter ovos e derivados do leite, também não leva soja.

MAIONESE VEGANA

PRÉ-PREPARO + COZIMENTO 10 MINUTOS (+ DESCANSO) **RENDE** 2 XÍCARAS

Deixe 1 xícara (160 g) de amêndoas sem pele inteiras de molho em água por 4 horas e escorra. Lave em água fria e escorra. Leve-as ao processador com ½ xícara (125 ml) de água e bata até formar um creme homogêneo. Adicione 1 colher (sopa) de vinagre de maçã, 1 colher (sopa) de suco de limão-siciliano e 1 colher (chá) de mostarda de Dijon; bata até ficar homogêneo. Tempere com sal a gosto. Com o processador ainda ligado, acrescente ½ xícara (125 ml) de azeite em fio constante e lento até formar um molho cremoso e homogêneo. Guarde em recipiente bem fechado na geladeira por até 1 mês.

MAIONESE DE LIMÃO E PIMENTA

Prepare a maionese vegana conforme as instruções da página ao lado e adicione 2 colheres (chá) de raspas de casca de limão-siciliano e ½ colher (chá) de pimenta-do-reino preta moída.

MAIONESE DE HARISSA

Prepare a maionese vegana conforme as instruções da página ao lado e adicione harissa a gosto.

DICAS

Caso a maionese vegana não tenha ficado azedinha o suficiente para o seu gosto, acrescente um pouco mais de suco de limão. Caso fique muito ácida, junte um pouquinho de água fria.

Se o seu liquidificador for de um modelo potente, faça a maionese nele para garantir o máximo de cremosidade.

Você pode usar a maionese vegana em sanduíches, como acompanhamento de pratos veganos, como ingrediente de receitas ou para servir com crudités (vegetais cortados em palitos).

AÏOLI

Prepare a maionese vegana conforme as instruções da página ao lado e adicione 1 dente de alho amassado.

Curry de batata-doce, ovo
E PEIXE À MODA DE QUERALA

PRÉ-PREPARO + COZIMENTO 40 MINUTOS **PARA** 6 PESSOAS

- 800 g de peixe de carne branca e firme cortado em pedaços de 5 cm (ver dica)
- 1½ colher (chá) de cúrcuma
- 1 batata-doce média (400 g) cortada ao meio no comprimento e em fatias grossas
- 2 colheres (sopa) de óleo de arroz
- 2 cebolas médias (300 g) cortadas em fatias finas
- 1 pedaço (15 g) de gengibre fresco cortado em tiras finas
- ¼ de xícara de folhas de curry frescas
- 2 pimentas dedo-de-moça cortadas em fatias finas
- 800 ml de leite de coco
- 1 xícara (250 ml) de água
- 1 colher (sopa) de purê de tamarindo
- 1 colher (sopa) de molho de peixe
- 2 colheres (chá) de suco de limão
- 500 g de arroz integral cozido
- 2 ovos caipiras cozidos cortados ao meio

1 Em uma tigela média, tempere o peixe com metade da quantidade de cúrcuma; leve à geladeira até a hora de usar.
2 Cozinhe a batata-doce em água, no vapor ou no micro-ondas até que fique macia; escorra.
3 Leve uma panela grande ao fogo brando. Esquente o óleo e junte a cebola. Tampe a panela e refogue por 5 minutos, mexendo de vez em quando, ou até a cebola começar a murchar (não deixe dourar). Acrescente o gengibre, 2 colheres (sopa) de folhas de curry, 1 pimenta dedo-de-moça e o restante da cúrcuma. Mexendo sempre, cozinhe até o refogado soltar seu aroma.
4 Adicione o leite de coco, a água, o tamarindo, o molho de peixe e o suco de limão e deixe levantar fervura. Junte o peixe e a batata-doce e devolva o curry ao fogo para levantar fervura. Reduza o fogo; sem tampar, ferva em fogo brando por 3 minutos ou até o peixe cozinhar.
5 Reaqueça o arroz e sirva-o, em recipiente separado, acompanhando o curry.
6 Finalize o curry com o ovo cozido, o restante da pimenta dedo-de-moça e das folhas de curry.

dicas Boas opções de peixe para esta receita são tilápia, perca e pargo. O molho de curry pode ser preparado com 1 dia de antecedência. Reaqueça o molho e junte o peixe cru perto da hora de servir.
sugestão O arroz integral pode ser substituído por arroz jasmim.

TIRE A CARNE!
FAÇA A SALADA SEM ATUM, TAMBÉM FICA UMA DELÍCIA!

Salada niçoise de ATUM SELADO E QUINOA

PRÉ-PREPARO + COZIMENTO 35 MINUTOS **PARA** 4 PESSOAS

1½ xícara (300 g) de quinoa vermelha

4 ovos caipiras em temperatura ambiente (ver dicas)

200 g de vagens sem fios e pontas e cortadas ao meio no comprimento

2 colheres (sopa) de azeite

250 g de atum fresco (sem pele)

2 colheres (sopa) de salsinha bem picada

1 colher de sopa de cebolinha bem picada

250 g de tomates cereja cortados ao meio

½ xícara (60 g) de azeitonas gregas sem caroço cortadas ao meio

½ xícara de salsinha fresca (extra)

VINAGRETE DE ALCAPARRA E PARMESÃO

1 colher (sopa) de alcaparras lavadas e picadas

¼ de xícara (20 g) de parmesão ralado fino

¼ de xícara (60 ml) de vinagre claro

2 colheres (sopa) de azeite

1 dente de alho pequeno amassado

1 colher (chá) de mostarda de Dijon

1 colher (chá) de açúcar

1 Em uma panela grande com água fervente, cozinhe a quinoa por 12 minutos, ou até ficar macia. Escorra. Reserve até esfriar.

2 Cozinhe os ovos em uma panela pequena com água fervente por 8 minutos. Escorra e esfrie os ovos passando-os em água corrente fria. Descasque-os.

3 Cozinhe a vagem em água, no vapor ou no micro-ondas até que fique macia; escorra. Lave em água fria e escorra.

4 Prepare o vinagrete de alcaparra e parmesão.

5 Leve uma frigideira pequena ao fogo alto e aqueça metade do azeite. Frite o atum por 1 minuto de cada lado, ou até que doure por fora. Corte-o em fatias finas.

6 Em uma tigela pequena, misture a salsinha e a cebolinha. Passe os ovos descascados inteiros no restante do azeite e na mistura de ervas.

7 Misture a quinoa e as vagens em uma tigela grande com os tomates, as azeitonas, a salsinha extra e o vinagrete. Sirva a salada com o atum e os ovos por cima.

vinagrete de alcaparra e parmesão Misture todos os ingredientes em uma tigela pequena. Tempere a gosto.

dicas Caso se esqueça de deixar os ovos em temperatura ambiente antes de preparar a receita, leve-os direto da geladeira para uma panela com água fria; deixe levantar fervura e cozinhe por 10 minutos. Se quiser centralizar a gema nas claras, mexa os ovos delicadamente na panela até o momento em que a água levantar fervura.

Peixe com cúrcuma À MODA VIETNAMITA

PRÉ-PREPARO + COZIMENTO 45 MINUTOS **(+ DESCANSO) PARA** 4 PESSOAS

Esta é uma das receitas mais famosas de Hanói.

300 g de tofu firme cortado em cubos de 3 cm

250 g de macarrão de arroz (bifum)

3 colheres (chá) de cúrcuma em pó

1 colher (chá) de pimenta-do-reino branca moída

½ colher (chá) de sal marinho

¼ de xícara (60 ml) de óleo vegetal

400 g de peixe de carne branca e firme cortado em iscas de 2 cm (ver dica)

3 chalotas ou minicebolas (75 g) cortadas em fatias finas

2 dentes de alho amassados

1 pimenta dedo-de-moça cortada em fatias finas

2 colheres (sopa) de açúcar mascavo

1 xícara (250 ml) de água

¼ de xícara (60 ml) de molho de peixe

⅔ de xícara de endro fresco picado grosseiramente

⅓ de xícara (45 g) de amendoim torrado e salgado picado

1 limão médio (65 g) cortado em quatro

1 Envolva o tofu em folhas de papel-toalha e deixe descansar por 30 minutos.

2 Coloque o bifum em uma tigela média e cubra com água morna. Deixe descansar por 15 minutos, ou até amolecer. Escorra.

3 Em um recipiente médio e raso, misture a cúrcuma, a pimenta-do-reino, o sal e 1 colher (sopa) do óleo; acrescente o tofu e o peixe e mexa para cobri-los pelos temperos.

4 Leve uma frigideira grande ao fogo médio/alto e esquente o restante do óleo. Refogue a chalota, o alho e a pimenta dedo-de-moça até dourarem. Adicione o açúcar. Mexendo sempre, refogue por 2 minutos ou até que caramelize.

5 Junte a água e o molho de peixe e deixe levantar fervura. Acrescente ½ xícara de endro e o peixe temperado; cozinhe, mexendo delicadamente, até o peixe cozinhar por completo.

6 Sirva o peixe por cima do bifum. Finalize com o amendoim, o endro restante e o limão.

dica Alguns peixes de carne branca e firme que podem ser usados nesta receita são pargo e badejo.

Peixe à espanhola com BERINJELA DEFUMADA

PRÉ-PREPARO + COZIMENTO 55 MINUTOS **PARA** 4 PESSOAS

4 berinjelas (400 g)
1 pimentão vermelho médio (200 g)
1 colher (chá) de páprica defumada
2 colheres (sopa) de azeite
8 filés de badejo (960 g)
400 g de feijão-branco cozido e escorrido
1 limão-siciliano médio (140 g) cortado em quatro
2 colheres (sopa) de salsinha picada grosseiramente

MAIONESE AÏOLI

½ xícara (150 g) de maionese
1 dente de alho amassado
1 colher (sopa) de suco de limão-siciliano

1 Preaqueça o forno a 200 °C. Forre uma assadeira com papel-manteiga.
2 Corte a berinjela ao meio no sentido do comprimento e faça talhos na polpa. Corte o pimentão em 4 partes, descartando as sementes e as membranas. Arrume a berinjela e o pimentão na assadeira com a casca virada para cima. Leve para assar por 30 minutos, ou até a pele do pimentão apresentar bolhas e ficar preta e a berinjela ficar macia. Passe-os para uma tigela resistente ao calor, cubra com filme de PVC e deixe descansar por 5 minutos; em seguida, descasque os legumes. Desfie a berinjela e pique o pimentão grosseiramente. Tempere com sal a gosto.
3 Em um recipiente médio e raso, misture a páprica e metade do azeite. Adicione o peixe e misture para cobri-lo com o tempero. Leve uma frigideira antiaderente grande ao fogo alto. Frite os filés de peixe em duas levas por 1min30seg de cada lado ou até que cozinhem por completo. Passe-os para um prato e cubra para mantê-los aquecidos.
4 Esquente o azeite restante na mesma frigideira em fogo médio. Acrescente o feijão-branco e mexa até esquentar. Tempere com sal a gosto.
5 Prepare a maionese aïoli.
6 Sirva o peixe com a berinjela, o pimentão, o feijão-branco, a aïoli e o limão. Finalize com a salsinha.
maionese aïoli Misture a maionese, o alho e o suco de limão em uma tigela pequena. Tempere a gosto.

Sushi picante de SALMÃO E GRÃOS

PRÉ-PREPARO + COZIMENTO 1 HORA **(+ DESCANSO) PARA** 6 PESSOAS

½ xícara (80 g) de arroz integral

¼ de xícara (50 g) de mix de quinoa

¼ de xícara (50 g) de cevadinha

2 xícaras (500 ml) de água

¼ de xícara (60 ml) de vinagre de arroz

2 colheres (chá) de açúcar

½ colher (chá) de sal marinho

¼ de xícara (35 g) de sementes de girassol bem picadas

2 folhas de alga nori tostada

200 g de salmão cortado em fatias finas

½ colher de chá de pimenta vermelha em pó (chili)

1 abacate médio (250 g) cortado em fatias finas

1 colher (chá) de suco de limão-siciliano

PICLES DE PEPINO

2 pepinos japoneses (260 g) sem sementes, cortados ao meio no sentido do comprimento e em fatias finas

2 colheres (sopa) de vinagre de arroz

1 colher (sopa) de açúcar

1 dente de alho cortado em fatias finas

1 Leve o arroz, a quinoa, a cevadinha e a água ao fogo, em uma panela média, até que levante fervura. Reduza o fogo; tampe e ferva em fogo brando por 30 minutos, ou até a água ser absorvida. Retire do fogo. Tampe e deixe descansar por 10 minutos.

2 Misture o vinagre, o açúcar e o sal em uma tigela pequena. Coloque a mistura de arroz em uma tigela grande de aço inoxidável. Usando uma espátula de plástico, vá formando sulcos paralelos nessa mistura para separar os grãos e, aos poucos, vá despejando a mistura de vinagre. Deixe descansar por 10 minutos para esfriar.

3 Unte e forre com filme de PVC uma fôrma quadrada de 19 cm. Cubra o fundo com uma folha de nori, cortando para ajustar o tamanho, com o lado brilhoso virado para baixo. Espalhe metade do arroz por cima da folha de nori. Cubra com o salmão e salpique com a pimenta.

4 Regue o abacate com o suco de limão em uma tigela pequena. Arrume o abacate por cima do salmão e cubra com o restante do arroz. Cubra com a outra folha de nori, cortando para ajustar o tamanho e deixando o lado brilhoso para cima. Cubra a folha de nori com filme de PVC. Coloque pesos (podem ser latas cheias) por cima do sushi para pressionar. Leve à geladeira por 6 horas ou até que fique firme o suficiente para cortar.

5 Prepare os picles de pepino.

6 Desenforme o sushi e corte em quadrados. Sirva com os picles de pepino.

picles de pepino Misture todos os ingredientes em uma tigela média. Deixe descansar por 5 minutos para apurar o sabor. Escorra.

sugestão Sirva com molho de soja e wasabi.

TIRE A CARNE!
SUBSTITUA O PEIXE POR UMA OMELETE FININHA OU FATIAS DE TOFU MARINADO.

TIRE A CARNE!
SUBSTITUA O PEIXE POR BERINJELA OU BATATA-DOCE.

Espetinhos de peixe com coalhada seca e SALADA DE TOMATE PICANTE

PRÉ-PREPARO + COZIMENTO 30 MINUTOS **PARA** 4 PESSOAS

400 g de filés de peixe de carne branca e firme cortados em cubos de 2,5 cm (ver dica)

1 colher (sopa) de azeite aromatizado de alho

½ colher (chá) de sumagre

280 g de coalhada seca

2 colheres (sopa) de amêndoas torradas em lascas

SALADA DE TOMATE PICANTE

400 g de tomates para salada picados grosseiramente

1 colher (sopa) de casca de limão-siciliano confitado cortada em tiras finas (ver dicas)

1 pimenta dedo-de-moça sem sementes cortada em fatias finas

1 xícara de salsinha fresca

½ xícara de hortelã fresca

2 colheres (sopa) de vinagre de vinho tinto

1 colher (sopa) de azeite aromatizado de alho

1 Junte o peixe e o azeite em uma tigela média e misture bem para cobrir a carne com o azeite. Espete os pedaços de peixe em palitos próprios para espeto e tempere com sal.

2 Leve uma frigideira antiaderente grande ao fogo alto. Frite os espetinhos por 3 minutos de cada lado ou até que cozinhem por completo. Salpique com sumagre.

3 Prepare a salada de tomate picante.

4 Sirva o peixe por cima da salada e finalize com a coalhada seca e as lascas de amêndoa.

salada de tomate picante Misture todos os ingredientes em uma tigela grande. Tempere com sal a gosto.

dicas Peixes de carne branca e firme que podem ser usados nesta receita são perca, pargo ou tilápia. O limão confitado pode ser encontrado em delicatessens e empórios gourmet. Retire e descarte a polpa do limão, lave a casca e use-a na receita. Você pode substituir a casca do limão-siciliano confitado por raspas de casca de limão-siciliano fresco.

Segundas SEM CARNE

Para quem come carne, mas reconhece os benefícios de dar uma chance à alimentação vegetariana uma vez por semana. As receitas deste capítulo contêm ovos e derivados de leite.

Enchiladas de abobrinha, FEIJÃO E MILHO

PRÉ-PREPARO + COZIMENTO 1 HORA 40 MINUTOS **PARA** 4 PESSOAS

3 abobrinhas grandes (450 g)
⅓ de xícara (80 ml) de azeite
2 espigas de milho (500 g) limpas (sem o cabelo e a palha)
8 tortilhas de milho brancas (20 cm de diâmetro)
400 g de feijão-preto cozido escorrido (sem o caldo)
½ xícara de coentro fresco
100 g de queijo feta
¼ de xícara de orégano fresco
1 colher (sopa) de orégano fresco (extra)

MOLHO DE ENCHILADA

800 g de tomates pelados picados
1½ xícara (375 ml) de caldo de legumes (ver receita na p. 40)
2 colheres (sopa) de azeite
2 colheres (sopa) de orégano fresco picado grosseiramente
2 colheres (sopa) de vinagre de maçã
1 cebola média (150 g) picada grosseiramente
1 dente de alho bem picado
1 colher (sopa) de jalapeño em conserva picado
1 colher (chá) de cominho em pó
1 colher (chá) de açúcar
¼ de colher (chá) de pimenta vermelha em pó (chili)

1 Preaqueça o forno a 180 °C. Forre uma assadeira com papel-manteiga. Unte um refratário de 25 cm x 30 cm.
2 Corte as abobrinhas ao meio no sentido do comprimento e, depois, cada metade em meias-luas finas. Coloque a abobrinha na assadeira e regue com metade do azeite. Asse por 30 minutos, ou até ficar macia; pique-a grosseiramente.
3 Prepare o molho de enchilada.
4 Pincele 1 colher (sopa) de azeite nas espigas de milho. Esquente uma frigideira, grill ou churrasqueira em fogo de médio para alto. Grelhe as espigas, virando-as de vez em quando, por 10 minutos, ou até que fiquem macias e douradas. Com o auxílio de uma faca afiada, retire os grãos de milho das espigas; descarte-as.
5 Esquente a mesma frigideira em fogo de médio para alto. Grelhe as tortilhas por 30 segundos ou até elas ficarem levemente tostadas. Passe-as para um prato; cubra-as para mantê-las aquecidas.
6 Em uma tigela grande, misture a abobrinha, o feijão, o coentro, metade do milho, metade do feta, metade do orégano e ½ xícara de molho de enchilada.
7 Distribua o recheio de abobrinha por cima das tortilhas aquecidas; enrole-as para fechar o recheio, como panquecas. Arrume as tortilhas no refratário e pincele com o azeite restante. Espalhe o restante do molho de enchilada em cima das tortilhas, deixando 2 cm nas pontas de cada uma sem molho. Cubra com o restante do queijo feta e do orégano.
8 Leve para assar por 30 minutos, ou até ficarem douradas e quentes. Sirva com o restante do milho e com o orégano extra.
molho de enchilada Bata todos os ingredientes no processador ou liquidificador até ficarem homogêneos; passe para uma panela média. Leve ao fogo médio e ferva por 20 minutos ou até engrossar um pouco.

Pizza de couve-flor
COM MOZARELA E ABOBRINHA

PRÉ-PREPARO + COZIMENTO 1 HORA 25 MINUTOS **PARA** 4 PESSOAS

- **1 cabeça de couve-flor pequena (1 kg) sem os talos, cortada em buquês**
- **¼ de xícara (30 g) de queijo cheddar ralado grosso**
- **1 ovo caipira levemente batido**
- **¾ de xícara (60 g) de parmesão ralado grosso**
- **½ xícara (130 g) de polpa (passata) de tomate**
- **2 abobrinhas pequenas (180 g) cortadas em fitas finas**
- **1 xícara de folhas de manjericão fresco**
- **1 pimenta-vermelha (tipo serrano) pequena, fresca e cortada em fatias finas**
- **100 g de mozarela de búfala rasgada**
- **1 colher (sopa) de azeite**
- **1 colher (sopa) de raspas ou tiras finas de casca de limão-siciliano (ver dica)**
- **1 colher (sopa) de suco de limão-siciliano**

1 Preaqueça o forno a 200 °C. Forre 2 assadeiras rasas com papel-manteiga. Desenhe um círculo de 22 cm de diâmetro nos papéis e vire-os.

2 Leve a couve-flor ao processador e bata até deixá-la bem picada. Coloque-a em um recipiente adequado, cubra com filme de PVC e leve ao micro-ondas em potência alta (100%) por 12 minutos ou até ficar macia. (Você pode cozinhar a couve-flor no vapor; não cozinhe em água, pois pode resultar em uma massa muito mole.) Escorra. Quando esfriar o suficiente para não queimar as mãos, coloque a couve-flor no centro de um pano de prato limpo. Una as pontas, formando uma trouxinha, e esprema para retirar o excesso de líquido da couve-flor.

3 Em uma tigela grande, misture a couve-flor, o cheddar, o ovo e ¼ de xícara do parmesão; tempere. Molde a mistura de couve-flor no círculo desenhado no papel, alisando a superfície. Asse por 25 minutos, ou até dourar.

4 Espalhe a polpa de tomate nos discos de couve-flor. Por cima, distribua metade da abobrinha e do manjericão, depois, a pimenta, a mozarela e o restante do parmesão. Asse as "pizzas" por 20 minutos ou até ficarem crocantes e douradas.

5 Enquanto isso, misture o azeite, a casca e o suco de limão e o restante da abobrinha e do manjericão em uma tigela média; tempere a gosto.

6 Sirva as pizzas acompanhadas da salada de abobrinha.

dicas A passata é uma polpa de tomate peneirada. Pode ser encontrada na seção de molhos de tomate no supermercado. Se preferir, use seu molho de tomate preferido. Se tiver o utensílio correto, use-o para cortar tiras finas da casca de limão-siciliano. Caso não tenha, corte duas tiras compridas de casca, sem a camada branca e, depois, corte-as em tirinhas finas.

Pastéis picantes de LENTILHA E BATATA-DOCE

PRÉ-PREPARO + COZIMENTO 1 HORA 20 MINUTOS **(+ GELADEIRA) PARA** 8 PESSOAS

2 colheres (sopa) de azeite

1 cebola roxa média (170 g) bem picada

3 dentes de alho bem picados

1 talo de salsão (150 g) sem as folhas e bem picado

2 colheres (sopa) de harissa (ver dica)

1 colher (chá) de cominho em pó

1 colher (chá) de coentro em pó

2¼ xícaras (450 g) de lentilha verde francesa

2 batatas-doces (500 g) cortadas em pedaços de 3 cm

2 xícaras (500 ml) de caldo de legumes (ver p. 40)

½ xícara (125 ml) de água

400 g de tomates pelados em conserva

60 g de espinafre

½ xícara de salsinha fresca

½ xícara de coentro fresco

1½ colher (chá) de raspas da casca de limão-siciliano

4 folhas de massa folhada

1 ovo caipira levemente batido

MOLHO DE IOGURTE, ERVAS E LIMÃO

1 xícara (280 g) de iogurte natural tipo grego

¼ de xícara de salsinha picada grosseiramente

¼ de xícara de coentro picado grosseiramente

1 colher (sopa) de limão-siciliano confitado bem picado

1 colher (sopa) de suco de limão-siciliano

1 Leve uma panela grande ao fogo médio. Esquente o azeite e junte a cebola, o alho e o salsão. Refogue-os por 5 minutos ou até a cebola começar a murchar. Adicione a harissa, o cominho e o coentro em pó; refogue, mexendo sempre, por 1 minuto ou até o refogado começar a soltar seu aroma. Junte a lentilha, a batata-doce, o caldo de legumes e a água; deixe levantar fervura. Reduza o fogo; tampe e ferva em fogo brando por 20 minutos ou até os ingredientes ficarem macios.

2 Acrescente os tomates; deixe levantar fervura novamente, desta vez com a panela destampada, e cozinhe por 5 minutos ou até o molho engrossar. Junte o espinafre, a salsinha, o coentro e as raspas da casca de limão; tempere a gosto e deixe esfriar.

3 Prepare o molho de iogurte, ervas e limão.

4 Preaqueça o forno a 200 °C. Unte levemente oito forminhas de empada (250 ml) com base de 7,5 cm de diâmetro e altura de 12,5 cm.

5 Corte oito quadrados (13 cm) de massa folhada. Leve-os à geladeira até a hora de usar.

6 Distribua o recheio, já frio, nas forminhas; cubra com os quadradinhos de massa, apertando as bordas na fôrma para vedar. Pincele ovo batido na massa. Faça pequenos furos na massa para que o vapor saia.

7 Asse as tortas por 30 minutos ou até a massa dourar e o recheio ficar bem quente. Sirva com o molho de iogurte, ervas e limão.

molho de iogurte, ervas e limão Misture todos os ingredientes em uma tigela.

dicas A harissa é uma pasta picante de pimenta; há várias marcas no mercado, sendo que algumas são mais fortes que as outras. Se você for uma pessoa "fraca" para pimenta, é provável que não aguente nenhuma receita que contenha harissa, mesmo que reduza a quantidade. O limão confitado pode ser encontrado em delicatessens. Retire sua polpa, descartando-a. Lave a casca e use-a na receita.

VEGANIZE!

USE MASSA FOLHADA VEGANA
E NÃO PINCELE COM OVO.
USE IOGURTE VEGANO COMPRADO
PRONTO OU FAÇA EM CASA
SEGUINDO A RECEITA
DA P. 210.

Sanduíche de TOFU ASSADO

PRÉ-PREPARO + COZIMENTO 45 MINUTOS **(+ DESCANSO) PARA** 4 PESSOAS

300 g de tofu firme

1 colher (chá) de páprica defumada

1½ colher (sopa) de ketchup

1½ colher (sopa) de molho barbecue defumado

¼ de xícara (60 ml) de molho de soja

¼ de xícara (60 ml) de vinagre de arroz

2 colheres (sopa) de açúcar mascavo

1 pepino japonês (130 g) cortado em palitos compridos

1 cenoura grande (180 g) cortada em palitos compridos

1 pimenta dedo-de-moça cortada em fatias finas na diagonal

1 colher (sopa) de açúcar

2 colheres (sopa) de vinagre de arroz (extra)

4 pães franceses (520 g) cortados ao meio

4 ramos grandes de coentro fresco

1 colher (sopa) de amendoim torrado e salgado picado grosseiramente

1 Preaqueça o forno a 200 °C. Unte e forre uma assadeira com papel-manteiga.

2 Coloque o tofu em um prato forrado com papel-toalha. Cubra com outro prato e deixe por 10 minutos. Corte o tofu em oito fatias; esfregue com a páprica e tempere com sal.

3 Misture o ketchup, os molhos barbecue e de soja, o vinagre e o açúcar mascavo em uma panela pequena. Leve ao fogo brando e deixe levantar fervura. Ferva por 3 minutos ou até engrossar um pouco. Despeje a mistura sobre o tofu, virando as fatias para cobrir dos dois lados. Passe o tofu para a assadeira; asse por 20 minutos, regando de vez em quando com o molho, até o tofu ficar dourado.

4 Misture o pepino, a cenoura, a pimenta, o açúcar e o vinagre extra em uma tigela média; deixe descansar por 10 minutos ou até os legumes ficarem macios. Escorra.

5 Recheie os pães com o tofu, os legumes, o coentro e o amendoim.

dica Esta receita pode ser feita facilmente com o dobro ou o triplo da quantidade de ingredientes.

Pizza
DE LEGUMES

PRÉ-PREPARO + COZIMENTO 1 HORA **(+ DESCANSO) PARA** 6 PESSOAS

4 ramos de alecrim fresco

2 dentes de alho amassados

2 colheres (chá) de tomilho fresco

⅓ de xícara (80 ml) de azeite

4 batatas pequenas (480 g) bem lavadas e cortadas em fatias finas (não descasque)

1 batata-doce pequena (250 g) bem lavada e cortada em rodelas finas (não descasque)

1 mandioquinha pequena (120 g) bem lavada e cortada em tiras finas no sentido do comprimento

100 g de cenouras baby bem lavadas e sem os talos (não descasque)

1 xícara (115 g) de agrião sem os talos

2 colheres (chá) de raspas de casca de limão-siciliano

1 colher (chá) de suco de limão-siciliano

30 g de queijo feta esfarelado

MASSA DE PIZZA INTEGRAL

2 colheres (chá) (7 g) de fermento biológico seco

1 colher (chá) de açúcar

1 xícara (250 ml) de água morna (aproximadamente)

1½ xícara (225 g) de farinha de trigo branca

1½ xícara (240 g) de farinha de trigo integral

1 colher (chá) de sal

¼ de xícara (60 ml) de azeite

1 Prepare a massa de pizza.
2 Preaqueça o forno a 220 °C. Unte uma assadeira de 28 cm x 32 cm.
3 Retire as folhas dos ramos de alecrim; pique bem ⅔ da quantidade. Em uma tigela pequena, misture o alecrim, o alho, o tomilho e 2 colheres (sopa) de azeite.
4 Transfira a massa de pizza para uma superfície enfarinhada e sove-a até ficar macia. Achate a massa e abra-a até formar um retângulo de 28 cm x 32 cm. Com cuidado, passe-a para a assadeira; espalhe a mistura de alecrim por cima, deixando 1 cm de borda. Cubra com camadas de batata, de batata-doce, de mandioquinha e de cenoura; salpique o restante do alecrim por cima. Tempere com sal. Regue com 1 colher (sopa) de azeite.
5 Asse a pizza por 20 minutos ou até a base ficar firme e dourada.
6 Em uma tigela média, misture o agrião, 2 colheres (chá) de azeite, as raspas e o suco de limão; tempere a gosto.
7 Regue a pizza com o restante do azeite; sirva com a salada de agrião e o queijo feta.
massa de pizza integral Em uma tigela pequena, misture o fermento, o açúcar e a água morna; deixe descansar em local quente por 10 minutos ou até a mistura começar a espumar. Em uma tigela grande, misture os dois tipos de farinha e o sal; despeje a mistura de fermento e o azeite, misturando até formar uma massa macia. Sove a massa sobre uma superfície enfarinhada por 5 minutos ou até obter uma massa macia e elástica. Passe a massa para uma tigela grande untada com azeite e cubra o recipiente com um pano ou filme de PVC; deixe descansar em lugar quente por 1 hora ou até a massa dobrar de tamanho.

dica Use um mandolin para cortar os legumes em fatias bem finas.

Nhoque de abóbora
COM BRÓCOLIS E CEBOLA ROXA

PRÉ-PREPARO + COZIMENTO 30 MINUTOS **PARA** 4 PESSOAS

As hortaliças crucíferas, como os brócolis, têm papel importante na alimentação, oferecendo uma gama de nutrientes e antioxidantes que ajudam a prevenir o câncer. Você pode substituir os brócolis por couve, que é da mesma família.

500 g de nhoque de abóbora comprado pronto

1 colher (sopa) de azeite

2 cebolas roxas médias (340 g) cortadas em 6 pétalas

60 g de manteiga

1 dente de alho amassado

2 colheres (chá) de tomilho fresco

200 g de brócolis cortados ao meio no sentido do comprimento

40 g de queijo de cabra (macio) esfarelado

1 Cozinhe os nhoques em uma panela grande com água fervente, sem tampar, até ficarem macios. Escorra, reservando ¾ de xícara (180 ml) do líquido do cozimento. Espalhe-os sobre uma assadeira, formando uma camada única.

2 Leve uma frigideira grande ao fogo alto. Esquente o azeite e refogue a cebola, mexendo de vez em quando, até ela murchar. Retire-a da frigideira.

3 Devolva a frigideira ao fogo alto com metade da manteiga; junte metade da quantidade de nhoques; refogue-os na manteiga por 3 minutos até dourarem. Retire-os da frigideira. Repita o processo com o restante da manteiga e dos nhoques.

4 Na mesma frigideira, desta vez em fogo médio, devolva a cebola refogada e junte o alho, o tomilho e os brócolis; refogue, mexendo sempre, até os brócolis ficarem quase macios. Devolva os nhoques à frigideira junto com um pouco da água do cozimento, o suficiente para cobri-los; tempere com sal a gosto. Espalhe o queijo de cabra por cima e sirva.

dica Na etapa 4, substitua a água do cozimento por ⅔ de xícara (160 ml) de creme de leite fresco.

Galette de abóbora E QUEIJO FETA

PRÉ-PREPARO + COZIMENTO 1 HORA 30 MINUTOS **(+ GELADEIRA) PARA** 4 PESSOAS

800 g de abóbora japonesa (cabotiá) cortada em pedaços de 3 cm

2 cebolas roxas médias (340 g) cortadas em pétalas

2 colheres (chá) de tomilho fresco

1 colher (sopa) de azeite

80 g de queijo feta esfarelado

2 bolinhas de mozarela fresca (70 g) rasgadas

2 colheres (sopa) de tomilho fresco

MASSA DE CREAM CHEESE

1¼ xícara (185 g) de farinha de trigo

½ colher (chá) de sal marinho

125 g de cream cheese gelado

1 ovo caipira

1 colher (sopa) de água gelada (aproximadamente)

SALADA DE FOLHAS MISTAS

100 g de mix de folhas baby

½ xícara de salsinha fresca picada

1 colher (sopa) de folhas frescas de endro

1 pera portuguesa média (230 g) cortada em palitos

1 colher (sopa) de azeite

1 colher (sopa) de suco de limão-siciliano

1 Preaqueça o forno a 200 °C.

2 Coloque a abóbora, a cebola e o tomilho em uma assadeira forrada com papel-manteiga; regue com azeite. Tempere com sal. Asse por 25 minutos ou até os ingredientes ficarem macios. Deixe esfriar.

3 Prepare a massa de cream cheese.

4 Abra a massa entre duas folhas de papel-manteiga até formar um disco de 30 cm. Retire a folha de cima; com a massa apoiada na folha de baixo, passe-a para a assadeira. Recheie a massa com a mistura de abóbora, queijo feta e mozarela, deixando 4 cm de bordas livres. Dobre a massa por cima do recheio, formando dobras nas bordas, mas sem cobri-lo inteiramente.

5 Asse a galette por 30 minutos ou até dourar e a base de massa cozinhar.

6 Prepare a salada mista.

7 Decore a galette com o tomilho e sirva-a acompanhada de salada.

massa de cream cheese Leve ao processador a farinha, o sal e o cream cheese e bata até formar uma farofa; junte o ovo e a água e bata no modo pulsar até a massa dar liga. Amasse-a em uma superfície enfarinhada até que fique lisa. Enrole em filme de PVC; leve à geladeira por 20 minutos.

salada mista Misture todos os ingredientes em uma tigela grande. Tempere com sal a gosto.

Cansado da mesmice do dia a dia? Quer incrementar suas refeições? Aposte nas misturas de especiarias. Veja algumas das nossas preferidas:

Zátar Originária do Oriente Médio, é uma mistura de sumagre, gergelim, sementes e tomilho. Experimente com ovos, em pães, legumes, cereais e leguminosas.

Ras al hanout Também originária do Oriente Médio, essa mistura pode incluir até 22 especiarias. Fica perfeita em tagines de legumes, receitas de lentilha e em pratos de abóbora.

Togarashi Mistura japonesa de algas, casca de tangerina, gergelim e pimenta-do-reino. Polvilhe em sopas de legumes, omeletes, receitas de arroz ou sobre um canapé de torrada com abacate.

Panch phoron Menos conhecido que seu conterrâneo indiano, o garam masala. Essa mistura bengalesa contém sementes de feno-grego, cominho-preto, mostarda preta, erva-doce e cominho. Frite os temperos em ghee ou óleo de coco e use em pratos com batata-inglesa, batata-doce, vagem e raita.

PARA *pensar*

NA HORA DAS COMPRAS, É POSSÍVEL REDUZIR A EMISSÃO DE CARBONO COMPRANDO OS HORTIFRÚTIS SOLTOS; EVITE OS VENDIDOS EM BANDEJAS. TAMBÉM DÊ PREFERÊNCIA A COMPRAR EM LOJAS QUE VENDAM CASTANHAS, NOZES, SEMENTES E GRÃOS A GRANEL; ASSIM VOCÊ ESCOLHE A QUANTIDADE QUE VAI LEVAR.

CINCO MANEIRAS DE APROVEITAR SOBRAS DE PÃO:

PANZANELLA

Corte o pão em cubos grandes, regue com azeite e misture bem com 2 dentes de alho amassados; leve ao forno e asse até o pão dourar. Misture o pão assado em uma salada de tomates maduros, pimentões assados, pepino, azeitona e alcaparras.

FARINHA DE ROSCA

Corte o pão com a casca em pedaços médios; bata no processador ou liquidificador para obter uma farinha de rosca grossa ou fina. Acondicione-a em saquinhos e guarde no freezer até a hora de usar. Use para empanar abobrinha, berinjela e aspargos.

PUDIM DE PÃO SALGADO

Em ramequins, forme camadas de pão e sobras de abóbora assada, por exemplo. Cubra com uma mistura de 4 ovos batidos com 3 xícaras de leite, parmesão ralado e um pouco de sálvia ou tomilho picados. Leve ao forno para assar (ver também p. 31).

BRUSCHETTA

Pincele com azeite as fatias de pão; grelhe-as até torrá-las de leve nos dois lados; esfregue um dos lados com alho e coloque sobre elas cogumelos fritos ou creme de couve.

PANGRATTATO

Rasgue o pão em pedaços, regue com azeite e salpique com pimenta calabresa; toste--os na frigideira ou no forno. Use para servir com aspargos grelhados ou em pratos de massas.

ENTÃO VOCÊ ACHAVA QUE A CAIXA DE PIZZA FOSSE RECICLÁVEL? MAIS OU MENOS. O MATERIAL DA CAIXA É RECICLÁVEL, MAS, DEPOIS QUE FICA ENGORDURADO, DEIXA DE SER.

DICA ESPERTA
FAÇA O DOBRO DA RECEITA E CONGELE METADE

SABENDO USAR *não vai faltar*

SOBRAS

Aproveite legumes assados no mexido Esquente azeite em uma frigideira com alho cortado em fatias, sementes de erva-doce e um pouquinho de pimenta dedo-de-moça. Junte os legumes e refogue-os para deixá-los levemente dourados. Junte ervilha ou milho fresco (grãos); sirva em pão achatado integral (sírio, chapati ou naam) com mozarela fresca fatiada e castanhas torradinhas.

Aproveite verduras na pizza Forme camadas de pão-folha com um pouco de queijo parmesão; espalhe uma camada fina de ricota, cubra com sobras de verduras, salpique com pimenta calabresa e raspas de limão-siciliano. Asse no forno preaquecido a 180 °C até o pão ficar crocante. Regue com um fio de azeite antes de servir.

Transforme macarrão em fritada Bata 6 ovos, junte sobras de macarrão cozido, ½ xícara de queijo pecorino ralado e 1½ xícara de ervilha fresca amassada. Refogue uma cebola em uma frigideira média, junte a mistura de ovo e macarrão e deixe cozinhar até firmar. Leve a fritada ao forno para terminar de cozinhar.

Embalagens

Via de regra, quanto menor a embalagem e quanto maior a quantidade de componentes no material, menores são as chances de reciclá-lo. Os plásticos são bem problemáticos, pois embora vários tragam o símbolo de reciclável, na verdade, não são. Consulte a empresa responsável pela coleta de lixo de sua cidade para saber quais tipos de plástico podem ser processados.

Curry tailandês DE LEGUMES

PRÉ-PREPARO + COZIMENTO 1 HORA **PARA** 4 PESSOAS

1 colher (sopa) de óleo de arroz

1 cebola roxa média (170 g) cortada em fatias finas

¼ de xícara (75 g) de pasta de curry amarelo

2 dentes de alho amassados

1 talo (10 cm) de capim-limão fresco (amasse-o com as costas da faca)

4 folhas frescas de limão kaffir cortadas em tiras finas

1⅔ xícara (410 ml) de leite de coco

1 xícara (250 ml) de água

750 g de batata-doce bem lavada e picada grosseiramente (não descasque)

200 g de vagens sem fios e pontas

250 g de cogumelos variados

1 colher (sopa) de açúcar mascavo

1 colher (sopa) de molho de peixe (ver dica)

2 colheres (sopa) de suco de limão

1 pimenta dedo-de-moça sem sementes cortada em fatias finas

½ xícara de manjericão fresco

¼ de xícara (20 g) de cebola frita

1 Leve uma wok ou panela grande ao fogo alto e esquente o óleo. Junte a cebola e refogue-a por 5 minutos, mexendo sempre, ou até ela começar a murchar. Junte a pasta de curry, o alho, o capim-limão e as folhas de limão kaffir; mexendo sempre, refogue por 1 minuto ou até o refogado soltar seu aroma.

2 Adicione o leite de coco, a água e a batata-doce; deixe levantar fervura. Reduza o fogo; sem tampar, ferva em fogo brando por 20 minutos, ou até a batata ficar macia. Acrescente a vagem e os cogumelos; sem tampar, deixe ferver em fogo brando por 5 minutos ou até os legumes ficarem macios. Junte o açúcar, o molho de peixe e o suco do limão; retire e descarte o talo de capim-limão.

3 Decore o curry com a pimenta, o manjericão e a cebola frita.

dica Se você evita usar ingredientes de origem animal, troque o molho de peixe por molho tamari.

Chili de feijão COM CHIMICHURRI

PRÉ-PREPARO + COZIMENTO 1 HORA **PARA** 4 PESSOAS

2 pimentas tipo chipotle

½ xícara (125 ml) de água fervente

1 colher (sopa) de azeite

1 cebola grande (200 g) bem picada

2 colheres (chá) de cominho em pó

2 colheres (chá) de coentro em pó

1 colher (chá) de pimenta vermelha em pó (chili)

400 g de feijão-vermelho cozido (sem o caldo)

400 g de grão-de-bico cozido (sem o caldo)

800 g de tomates pelados picados

¼ de xícara (60 ml) de água

½ xícara de coentro fresco

¼ de xícara (60 g) de creme azedo (sour cream; ver glossário)

CHIPS DE TORTILHA

4 tortilhas de milho cortadas em quatro

óleo para pincelar

½ colher (chá) de páprica doce

CHIMICHURRI

½ cebola roxa pequena (50 g) bem picada

1 dente de alho bem picado

½ colher (chá) de páprica doce

½ xícara (125 ml) de azeite

1½ colher (sopa) de vinagre de vinho tinto

½ xícara de salsinha picada

2 colheres (sopa) de orégano fresco bem picado

1 Coloque as pimentas chiplote em uma tigela pequena refratária e cubra com a água fervente; deixe descansar por 20 minutos. Pique-as grosseiramente, descartando os cabinhos (mas não descarte a água). Bata-as no liquidificador ou processador com a água em que ficaram de molho até obter uma mistura homogênea.
2 Prepare os chips de tortilha e, depois, o chimichurri.
3 Leve uma panela grande ao fogo médio/alto. Esquente o azeite e junte a cebola. Mexendo sempre, refogue por 5 minutos ou até a cebola começar a murchar. Acrescente o cominho, o coentro e a pimenta em pó; sem parar de mexer, refogue por 1 minuto ou até o refogado soltar seu aroma.
4 Acrescente o feijão, o grão-de-bico, a mistura de pimenta chiplote, o tomate e a água; deixe levantar fervura. Reduza o fogo. Cozinhe por 15 minutos ou até o molho engrossar um pouco.
5 Sirva o feijão com o chimichurri e salpicado com o coentro, acompanhado dos chips de tortilha e do creme azedo.
chips de tortilha Preaqueça o forno a 200 °C. Pincele as tortilhas com o óleo e polvilhe com a páprica. Coloque-as em uma assadeira e leve ao forno para assar por 5 minutos ou até ficarem crocantes.
chimichurri Misture todos os ingredientes em uma tigela pequena. Tempere a gosto.

dica A pimenta chipotle nada mais é que a pimenta jalapeño desidratada; você pode encontrá-la em delicatessens e bons supermercados. Você pode substituí-la por 1 colher (chá) de páprica defumada e aumentar a quantidade de chilli para 2 colheres (chá).

sugestão Sirva com guacamole e pedaços de limão.

Falafel de cenoura e harissa COM MOLHO DE IOGURTE E TAHINE

PRÉ-PREPARO + COZIMENTO 1 HORA **PARA** 4 PESSOAS

2 cenouras médias (240 g) raladas no ralo grosso

400 g de grão-de-bico cozido (sem o caldo)

1 cebola roxa pequena (100 g) bem picada

1 colher (chá) de cominho em pó

1 colher (sopa) de harissa

¼ de xícara de farinha de trigo

½ colher (chá) de fermento químico em pó

1 ovo caipira

1½ xícara (225 g) de panko (farinha de rosca japonesa)

óleo vegetal para fritar

150 g de vagens sem fios e pontas e cortadas ao meio no sentido do comprimento

2 pés de alface-romana baby (360 g) com as folhas separadas

1 pepino japonês (130 g) cortado em fatias finas

¼ de xícara de salsinha fresca

2 colheres (chá) de casca de limão-siciliano cortada em tiras finas (ver dica)

MOLHO DE IOGURTE E TAHINE

1 dente de alho pequeno amassado

2 colheres (sopa) de suco de limão-siciliano

2 colheres (sopa) de tahine

¾ de xícara (200 g) de iogurte natural tipo grego

1 colher (sopa) de salsinha

1 Bata no processador a cenoura, o grão-de-bico, a cebola, o cominho, a harissa, a farinha, o fermento e o ovo até formar uma massa homogênea; tempere com sal. Passe a massa para uma tigela grande; junte ¾ de xícara da panko. Usando uma colher (sopa) como medida, molde bolinhas de massa (essa receita rende aproximadamente 28 unidades). Empane o falafel no restante da farinha panko.

2 Preencha ⅓ de uma panela grande ou wok com óleo e esquente até atingir a temperatura de 180 °C (faça um teste: jogue um pedaço de miolo de pão no óleo e verifique se o miolo doura em 15 segundos). Frite os bolinhos, aos poucos, por 2 minutos ou até dourarem. Escorra em papel-toalha.

3 Prepare o molho de iogurte e tahine.

4 Cozinhe a vagem em água, no vapor ou no micro-ondas até que fique macia. Lave em água fria e escorra.

5 Misture a alface, o pepino e a vagem em uma tigela grande. Sirva a salada com o falafel e o molho de iogurte. Decore com salsinha e a casca de limão.

molho de iogurte e tahine Misture todos os ingredientes em uma tigela pequena. Tempere a gosto.

dica Se tiver o utensílio correto, use-o para cortar tiras finas da casca de limão-siciliano. Caso não tenha, corte duas tiras compridas de casca, sem a camada branca e, depois, corte-as em tirinhas finas.

Bolinhos de arroz com ABOBRINHA E COGUMELO

PRÉ-PREPARO + COZIMENTO 1 HORA **PARA** 4 PESSOAS

3 xícaras (600 g) de arroz integral lavado
1,25 litro (5 xícaras) de água
1 colher (sopa) de mirin (saquê culinário)
2 colheres (sopa) de molho de soja light
1 colher (chá) de açúcar
¼ de xícara (60 ml) de vinagre de arroz
2½ colheres (sopa) de óleo de gergelim
2 cebolinhas cortadas em fatias finas
150 g de cogumelos shiitake cortados em fatias finas
150 g de cogumelos shimeji separados
2 abobrinhas médias (240 g) cortadas em palitos finos
150 g de ervilha-torta (sem os fios e as pontas)
1 folha de alga nori torrada e cortada em tiras finas

1 Leve o arroz com a água ao fogo médio em uma panela grande. Reduza o fogo; tampe e ferva em fogo brando por 30 minutos ou até o arroz amolecer. Retire do fogo. Sem destampar, deixe descansar até esfriar o suficiente para ser manipulado.

2 Enquanto isso, misture o mirin, o molho de soja, o açúcar, o vinagre e 2 colheres (chá) do óleo em uma tigela pequena; reserve.

3 Coloque metade do arroz, metade da cebolinha e 1 colher (chá) do óleo no processador. Bata em modo pulsar até o arroz ficar triturado e formar uma massa pegajosa. Passe a massa de arroz para uma tigela grande. Repita o processo com o restante do arroz, da cebolinha e mais uma colher (chá) de óleo. Passe a segunda leva de massa para a tigela e misture. Molde-a formando 16 bolinhos. Pincele os bolinhos com 1 colher (sopa) do óleo.

4 Leve uma frigideira grande ao fogo médio. Frite os bolinhos, aos poucos, por 5 minutos de cada lado ou até que dourem e fiquem crocantes.

5 Leve uma wok ou frigideira grande ao fogo médio/alto e esquente o restante do óleo; refogue os cogumelos até ficarem macios. Adicione a abobrinha e as ervilhas-tortas; refogue por 1 minuto ou até que fiquem macias. Acrescente a mistura de mirin e mexa.

6 Sirva os bolinhos com os legumes refogados. Decore com a alga nori e a cebolinha.

Ravióli crocante de queijo COM MOLHO VERDE

PRÉ-PREPARO + COZIMENTO 45 MINUTOS **PARA** 6 PESSOAS

Levemente frito na frigideira, este ravióli é crocante por fora e tem recheio de queijo derretido. O molho verde ajuda a quebrar um pouco a untuosidade do recheio.

130 g de mozarela de búfala

2 xícaras (200 g) de provolone picado grosseiramente

36 unidades de massa fresca para guioza

5 ovos caipiras levemente batidos

3 xícaras (450 g) de panko (farinha de rosca japonesa)

óleo vegetal para fritar

170 g de aspargos sem o talo duro, cortados em fatias finas no sentido do comprimento (ver dica)

MOLHO VERDE

2 xícaras de hortelã fresca picada grosseiramente

2 xícaras de manjericão fresco picado grosseiramente

1 colher (sopa) de alcaparras escorridas e bem picadas

1 dente de alho bem picado

¼ de xícara (60 ml) de azeite

¼ de xícara (60 ml) de suco de limão-siciliano

2 colheres (sopa) de água

1 Escorra a mozarela e seque-a com papel-toalha; pique-a grosseiramente. Em uma tigela média, misture a mozarela e o provolone; tempere a gosto. Coloque 1 colher (sopa) no meio de cada massa para guioza; pincele um pouco de água nas bordas. Cubra com outra massa, apertando as bordas para vedar. Repita o processo até o recheio e as massas acabarem.
2 Cozinhe os raviólis em uma panela grande de água fervente por 1 minuto, ou até amolecerem; escorra. Passe os raviólis cozidos para uma assadeira forrada de papel-toalha; reserve para esfriarem.
3 Enquanto isso, prepare o molho verde.
4 Tomando cuidado, passe os raviólis cozidos no ovo batido e, em seguida, empane com a farinha panko. Leve uma frigideira grande ao fogo. Junte óleo até 2 cm de altura da frigideira e esquente. Frite os raviólis, aos poucos, por 1 minuto de cada lado ou até que dourem e fiquem crocantes. Escorra-os em papel-toalha.
5 Sirva os raviólis com os aspargos e o molho verde.
molho verde Leve todos os ingredientes ao processador e bata bem. Tempere a gosto.

dica Use um descascador de legumes para fazer fitas finas de aspargo.

Nhoque de semolina com RAGU DE COGUMELO

PRÉ-PREPARO + COZIMENTO 1 HORA 10 MINUTOS **(+ GELADEIRA) PARA** 4 PESSOAS

- **20 g de cogumelos porcini desidratados**
- **1½ xícara (375 ml) de água fervente**
- **3 xícaras (750 ml) de leite**
- **50 g de manteiga gelada cortada em pedaços**
- **¼ de xícara (60 ml) de azeite**
- **1 xícara (160 g) de semolina fina**
- **2 gemas de ovos caipiras**
- **1 xícara (80 g) de queijo parmesão ralado fino**
- **2 echalotas ou cebolas (50 g) bem picadas**
- **2 dentes de alho bem picados**
- **2 colheres (sopa) de tomilho fresco**
- **250 g de cogumelos-de-paris frescos cortados em fatias grossas**
- **2 cogumelos portobello (100 g) cortados em quatro**
- **400 g de tomates pelados em lata picados**
- **¼ de xícara de salsinha fresca**

1 Unte um refratário de 20 cm x 30 cm x 3 cm.

2 Coloque os cogumelos desidratados em uma tigela refratária, cubra com a água fervente e deixe descansar por 10 minutos. Escorra os cogumelos, reservando o líquido.

3 Leve o leite, a manteiga e 1 colher (sopa) do azeite ao fogo alto em uma panela grande; quando levantar fervura, junte a semolina aos poucos, mexendo com um fouet. Reduza o fogo. Sem parar de mexer, deixe a mistura cozinhar por 15 minutos ou até engrossar. Retire do fogo. Junte as gemas e ¾ de xícara do parmesão; mexa até o queijo derreter e se incorporar à massa. Deite a massa no refratário untado e deixe esfriar. Leve à geladeira por 30 minutos ou até a massa firmar.

4 Leve uma frigideira grande ao fogo médio. Aqueça o restante do azeite. Refogue a echalota (ou cebola), o alho, o tomilho e os cogumelos por 8 minutos ou até que fiquem macios. Acrescente os tomates, o porcini reidratado e o líquido reservado; cozinhe por 5 minutos ou até que engrosse um pouco. Tempere com sal a gosto.

5 Preaqueça o forno no modo grill. Forre uma assadeira com papel-alumínio.

6 Corte a massa de semolina em 12 retângulos; coloque-os na assadeira forrada e polvilhe com o restante do parmesão. Asse-os no forno por 5 minutos ou até gratinarem. Sirva o nhoque com o ragu; decore com salsinha.

Canelone de espinafre, QUEIJO E BATATA

PRÉ-PREPARO + COZIMENTO 1 HORA 35 MINUTOS **PARA** 6 PESSOAS

600 g de batata picada grosseiramente

500 g de espinafre picado grosseiramente

200 g de queijo feta esfarelado

1 xícara (80 g) de queijo pecorino ou parmesão ralado fino

3 dentes de alho bem picados

2 colheres (sopa) de sálvia fresca bem picada

¼ de xícara (60 ml) de azeite

700 g de polpa (passata) de tomate

2 colheres (chá) de açúcar mascavo

400 g de tomates pelados em lata picados

¼ de xícara (60 ml) de água

250 g de massa fresca para canelone ou lasanha

1 Coloque as batatas em uma panela grande com água fria suficiente para cobri-las; deixe levantar fervura. Cozinhe por 15 minutos ou até as batatas amolecerem; escorra. Amasse-as em uma tigela grande. Tempere a gosto.

2 Cozinhe o espinafre na panela com água, no vapor ou no micro-ondas até que murche; escorra. Depois que esfriar, aperte-o para retirar bem o excesso de água.

3 Misture o espinafre, as batatas amassadas, 150 g do feta, ⅔ de xícara do pecorino, o alho e a sálvia. Tempere a gosto.

4 Leve o azeite, a polpa de tomate, o açúcar, os tomates e a água ao fogo médio em uma panela grande; deixe levantar fervura. Reduza o fogo; ferva em fogo brando por 10 minutos ou até reduzir um pouco.

5 Enquanto isso, preaqueça o forno a 180 °C.

6 Recheie as massas de canelone com a mistura de batata. Espalhe ½ xícara de molho em um refratário raso de 25 cm x 32 cm; arrume os canelones por cima do molho, formando uma única camada e, em seguida, cubra com o restante do molho e dos queijos feta e pecorino. Cubra com papel-alumínio.

7 Asse os canelones por 30 minutos. Aumente a temperatura do forno para 200 °C e retire o papel-alumínio; asse por mais 10 minutos ou até dourar.

dica A passata é uma polpa de tomate peneirada. Pode ser encontrada na seção de molhos de tomate no supermercado. Se preferir, use seu molho de tomate preferido.

CHIPS CROCANTES DE LEGUMES

PRÉ-PREPARO + COZIMENTO 1 HORA 30 MINUTOS
PARA 2 PESSOAS

Preaqueça o forno a 150 °C. Forre 3 assadeiras com papel-manteiga; pincele-as com óleo e salpique com sal grosso. Com o auxílio de um mandolin, corte 1 cenoura grande (180 g), 1 cenoura roxa (180 g) e 1 mandioquinha (250 g) no sentido do comprimento em fitas bem finas. Arrume os legumes nas assadeiras, formando uma camada única. Pincele-os com óleo; tempere com mais sal grosso (ou uma das opções de tempero apresentadas na próxima página). Asse por 1h15 ou até que fiquem crocantes; deixe esfriar.

PÁPRICA DEFUMADA

1 colher (chá) de páprica defumada

SUMAGRE E TOMILHO

1 colher (chá) de sumagre e 2 colheres (chá) de tomilho fresco picado

DICAS

Experimente fazer chips de outros legumes, como beterraba e batata-doce.

Conserve os chips de legumes em pote hermeticamente fechado por até 4 dias.

O tempero de erva-doce e pimenta pode ser conservado em potes herméticos por até 1 semana.

ERVA-DOCE E PIMENTA

Triture 2 colheres (chá) de erva-doce no pilão, mas sem deixar virar pó; junte 1 colher (chá) de pimenta calabresa em flocos.

Tartelettes
DE COUVE E NOZES

PRÉ-PREPARO + COZIMENTO 1 HORA 20 MINUTOS **PARA** 6 PESSOAS

40 g de manteiga derretida

2½ xícaras de (310 g) de farinha de sementes e oleaginosas (ver dica)

6 ovos caipiras

30 g de couve-manteiga bem picada

⅓ de xícara (35 g) de nozes torradas e picadas

⅔ de xícara (160 g) de ricota esfarelada

1⅓ xícara (330 ml) de leite

2 colheres (chá) de raspas de casca de limão-siciliano

2 dentes de alho amassados

2 colheres (chá) de estragão fresco bem picado

60 g de brotos de ervilha

1 colher (sopa) de suco de limão-siciliano

1 colher (sopa) de azeite

1 Preaqueça o forno a 200 °C. Pincele um pouco da manteiga derretida em seis forminhas de tartelette (10 cm de diâmetro) de fundo falso. Coloque-as em uma assadeira.
2 Em uma tigela média, misture a farinha, 2 ovos e o restante da manteiga derretida; tempere com sal. Aperte essa mistura na base e nas laterais das forminhas. Asse por 10 minutos; retire-as do forno e reserve para esfriarem. Reduza a temperatura do forno para 160 °C.
3 Recheie as massas com a couve, nozes e ricota. Bata os ovos restantes, o leite, as raspas de casca de limão, o alho e o estragão até formar uma mistura homogênea; tempere com sal a gosto. Despeje a mistura de ovos por cima do recheio das tortinhas.
4 Asse as tartelettes por 30 minutos ou até o recheio firmar. Deixe que esfriem um pouco, por 5 minutos, ainda na fôrma; desenforme-as ainda mornas (ver dicas).
5 Em uma tigela pequena, misture os brotos de ervilha, o suco e o azeite; tempere com sal a gosto.
6 Sirvas as tartelettes decoradas com a saladinha de broto.

dicas A farinha usada nesta receita é uma mistura em partes iguais de linhaça, sementes de girassol e amêndoas moídas. Desenforme as tartelettes ainda mornas para evitar que grudem.

Risoto de cogumelos, SÁLVIA E TRIGO-SARRACENO

PRÉ-PREPARO + COZIMENTO 1 HORA **PARA** 4 PESSOAS

- ¼ de xícara (60 ml) de azeite
- 200 g de cogumelos-de-paris cortados em fatias finas
- 450 g de cogumelos portobello cortados em fatias finas
- 1 cebola média (150 g) bem picada
- 3 dentes de alho cortados em fatias finas
- 2 colheres (sopa) de sálvia fresca picada
- 1½ xícara (300 g) de trigo-sarraceno
- 1 xícara (250 ml) de vinho branco seco
- 1,25 litro (5 xícaras) de caldo de legumes aquecido (ver receita na p. 40)
- 1 xícara (80 g) de queijo parmesão ralado
- 2 colheres (sopa) de azeite (extra)
- ⅓ de xícara de sálvia fresca (extra)
- 200 g de coalhada seca (ver dicas)
- ⅓ de xícara (55 g) de amêndoas tostadas e laminadas

1 Leve uma panela grande ao fogo alto; esquente 2 colheres (sopa) de azeite e refogue os cogumelos por 10 minutos ou até dourarem. Retire-os da frigideira.

2 Devolva a panela ao fogo médio. Esquente o restante do azeite e junte a cebola, o alho e a sálvia. Refogue por 5 minutos ou até a cebola começar a murchar. Junte o trigo-sarraceno; sem parar de mexer, refogue por 1 minuto. Junte o vinho; refogue por 1 minuto, sem parar de mexer.

3 Junte o caldo de legumes e deixe levantar fervura. Reduza o fogo. Sem tampar, ferva em fogo brando por 30 minutos, mexendo de vez em quando, ou até o trigo amolecer. Acrescente os cogumelos e o parmesão; tempere com sal a gosto.

4 Leve uma frigideira pequena ao fogo médio. Esquente o azeite extra; frite a sálvia por 30 segundos ou até ficar crocante. Escorra em papel-toalha.

5 Sirva o risoto com a coalhada seca, a sálvia frita e a amêndoa.

dicas O trigo-sarraceno é encontrado em lojas e empórios de produtos naturais. A coalhada seca é um queijo fresco cremoso obtido do iogurte natural sorado. Pode ser encontrada em grandes supermercados ou em lojas de produtos árabes. Caso não encontre, substitua por queijo de cabra.

Sanduíche de almôndega DE BERINJELA

PRÉ-PREPARO + COZIMENTO 1 HORA **PARA** 6 PESSOAS

1 berinjela média (300 g) descascada e picada grosseiramente

2 colheres (sopa) de azeite

400 g de grão-de-bico cozido (sem o caldo)

1 cebola roxa pequena (100 g) bem picada

2 dentes de alho amassados

1 colher (sopa) de alecrim fresco bem picado

1 xícara (80 g) de parmesão ralado

1½ xícara (150 g) de farinha de rosca

óleo vegetal para fritar

6 pães franceses (300 g)

1 xícara (260 g) de molho de tomate

¾ de xícara (60 g) de queijo parmesão ralado (extra)

40 g de rúcula baby

2 colheres (chá) de vinagre balsâmico

1 Preaqueça o forno a 200 °C. Forre uma assadeira com papel-manteiga.

2 Coloque a berinjela na assadeira; regue com um fio de azeite. Asse por 25 minutos, ou até ela ficar macia e dourada.

3 Bata no processador a berinjela, o grão-de-bico, a cebola, o alho, o alecrim e o parmesão até formar uma massa homogênea; tempere com sal. Adicione 1 xícara de farinha de rosca; bata no modo pulsar até ficar homogêneo. Molde 24 almôndegas (use a quantidade de uma colher de sopa rasa para cada uma). Empane as almôndegas no restante da farinha de rosca.

4 Leve uma wok ou panela grande ao fogo e esquente o óleo. Frite as almôndegas, aos poucos, por 2 minutos ou até dourarem. Escorra em papel-toalha.

5 Preaqueça o forno no modo grill. Corte os pães no comprimento, sem separar as metades. Espalhe molho no miolo; coloque 4 almôndegas e cubra com o parmesão extra. Leve-os ao forno por 2 minutos, ou até o queijo derreter.

6 Misture a rúcula com o vinagre em uma tigela pequena. Distribua a saladinha nos sanduíches na hora de servir.

Cuscuz de couve-flor com HOMUS DE CENOURA ASSADA

PRÉ-PREPARO + COZIMENTO 45 MINUTOS **PARA** 4 PESSOAS

- **900 g de couve-flor (sem folhas e talos) picada grosseiramente**
- **1 colher (sopa) de azeite**
- **2 colheres (sopa) de cominho em pó**
- **½ colher (chá) de cardamomo em pó**
- **⅓ de xícara (45 g) de pistache sem casca torrado sem sal picado**
- **⅓ de xícara (50 g) de pignoli tostados**
- **½ xícara (100 g) de sementes de romã**
- **1 xícara de salsinha fresca picada grosseiramente**
- **1 xícara de hortelã fresca picada grosseiramente**
- **½ xícara (60 g) de physalis desidratada (ver dicas)**
- **1 colher (sopa) de casca de limão-siciliano bem picada**
- **1 limão-siciliano médio (140 g) cortado em quatro**

HOMUS DE CENOURA ASSADA

- **3 cenouras médias (360 g) picadas grosseiramente**
- **2 colheres (chá) de azeite**
- **300 g de homus**
- **1 colher (chá) de casca de laranja ralada fina**

1 Prepare o homus de cenoura.
2 Bata a couve-flor no processador até ficar com aspecto de cuscuz marroquino. Leve uma panela grande ao fogo médio e acrescente o azeite. Mexendo sempre, refogue a couve-flor por 5 minutos ou até começar a murchar. Adicione o cominho e o cardamomo; cozinhe por 1 minuto ou até o refogado começar a soltar seu aroma. Tempere com sal a gosto.
3 Em uma tigela grande, misture a couve-flor refogada, o pistache, os pignoli, as sementes de romã, a salsinha, a hortelã, as physalis e a casca de limão. Sirva com o homus e o limão.
homus de cenoura assada Preaqueça o forno a 180 °C. Coloque as cenouras em uma assadeira forrada com papel-manteiga. Regue com um fio de azeite. Asse por 40 minutos ou até as cenouras ficarem macias; deixe esfriar um pouco. Bata as cenouras no liquidificador ou processador com os ingredientes restantes até formar um creme liso e homogêneo. Tempere com sal a gosto.

dicas A physalis, quando fresca, é do tamanho de um tomate-cereja e vem naturalmente enrolada em uma folha parecida com papel. Desidratada, tem sabor azedinho e cítrico. É rica em proteínas (considerando que é uma fruta), fibras e antioxidantes. Caso não encontre, pode substituir por cranberries desidratadas ou 1 laranja média descascada e cortada em gomos.

Salada libanesa
DE ABÓBORA ASSADA

PRÉ-PREPARO + COZIMENTO 1 HORA 15 MINUTOS **PARA** 6 PESSOAS

2 colheres (sopa) de mel

1 xícara (100 g) de nozes

2 kg de abóbora-japonesa (cabotiá) cortada em fatias grossas de 2,5 cm

1 pimentão vermelho grande (350 g) cortado em fatias grossas

1 cebola roxa grande (300 g) cortada em pétalas

2 colheres (sopa) de azeite

400 g de lentilha cozida escorrida (sem o caldo)

60 g de agrião

MISTURA DE TEMPEROS LIBANESES

1 colher (chá) de páprica doce

1 colher (chá) de cominho em pó

1 colher (chá) de coentro em pó

1 colher (chá) de cardamomo em pó

½ colher (chá) de canela em pó

½ colher (chá) de noz-moscada ralada

MOLHO DE IOGURTE

½ xícara (140 g) de iogurte natural tipo grego

¼ de xícara (60 ml) de azeite

1 colher (sopa) de raspas de casca de limão-siciliano

¼ de xícara (60 ml) de suco de limão-siciliano

1 colher (sopa) de mel

1 Preaqueça o forno a 200 °C. Forre três assadeiras com papel-manteiga.
2 Prepare a mistura de temperos.
3 Leve uma frigideira pequena ao fogo médio. Esquente o mel até levantar fervura. Junte as nozes e 1 colher (chá) da mistura de temperos; mexa delicadamente. Passe para uma assadeira; reserve para esfriar.
4 Em outra assadeira, coloque a abóbora. E, na terceira assadeira, coloque o pimentão e a cebola. Regue os conteúdos das duas assadeiras com o azeite e o restante da mistura de temperos; misture bem. Asse por 30 minutos ou até a abóbora, o pimentão e as cebolas ficarem macios; retire do forno.
5 Prepare o molho de iogurte.
6 Sirva os legumes assados com a lentilha, o agrião, as nozes e o molho de iogurte.
mistura de temperos libaneses Misture todos os ingredientes em uma tigela pequena.
molho de iogurte Misture todos os ingredientes em uma tigela pequena. Tempere com sal a gosto.

dica Você pode fazer uma quantidade maior da mistura de temperos e guardar em pote hermeticamente fechado por até 1 mês.

Bruschetta DE TEMPEH

PRÉ-PREPARO + COZIMENTO 1 HORA **PARA** 4 PESSOAS

- 1 abacate médio (250 g) picado grosseiramente
- 1 colher (sopa) de suco de limão-siciliano
- 8 fatias de pão de fermentação natural (360 g) torradas
- ¼ de xícara (75 g) de maionese
- ½ colher (chá) de cúrcuma em pó
- 1 tomate médio (150 g) cortado em fatias finas
- 1 cenoura média (120 g) cortada em palitos finos
- 40 g de rúcula baby

BACON DE TEMPEH

- 2 colheres (sopa) de molho tamari
- 1 colher (sopa) de azeite
- 1 colher (sopa) de xarope de bordo (maple syrup)
- 1 colher (chá) de páprica defumada
- 300 g de tempeh cortado em fatias de 1 cm

RELISH DE BETERRABA

- 3 beterrabas médias (500 g) raladas no ralo grosso
- 1 echalota ou cebola (25 g) bem picada
- 2 colheres (sopa) de melado de romã
- 1 colher (chá) de pimenta-da-jamaica em pó
- 1 colher (chá) de sementes de coentro trituradas
- 2 colheres (sopa) de vinagre de vinho tinto
- ½ xícara (125 ml) de água
- 1 colher (sopa) de azeite

1 Prepare o bacon de tempeh.
2 Prepare o relish de beterraba.
3 Misture o abacate com o suco de limão em uma tigela pequena.
4 Passe a maionese misturada com a cúrcuma em 4 fatias de pão. Cubra com tomate, bacon de tempeh, cenoura, abacate, rúcula e relish de beterraba. Feche os sanduíches usando as demais fatias de pão.

bacon de tempeh Preaqueça o forno a 200 °C. Forre uma assadeira com papel-manteiga. Em uma tigela média, misture o molho tamari, o azeite, o xarope de bordo e a páprica. Junte o tempeh e misture bem. Arrume os pedaços de tempeh em uma assadeira, formando uma única camada. Leve para assar por 20 minutos, virando os pedaços de tempeh na metade desse período, até ficarem crocantes.

relish de beterraba Leve os ingredientes (menos o azeite) ao fogo alto em uma panela pequena. Reduza o fogo; sem tampar, ferva em fogo brando por 10 minutos ou até engrossar. Junte o azeite e deixe esfriar.

dicas A receita do relish de beterraba rende 1½ xícara. Você pode guardar as sobras em um pote tampado na geladeira por até 2 semanas. Ele combina superbem com queijos ou em hambúrgueres e sanduíches. Se não encontrar o melado de romã, substitua por uma mistura de 1 colher (sopa) de vinagre balsâmico e 1 colher (sopa) de açúcar.

Spanakopitas DE ACELGA E COUVE

PRÉ-PREPARO + COZIMENTO 1 HORA 30 MINUTOS **PARA** 6 PESSOAS

1,5 kg de acelga

350 g de couve-manteiga

400 g de queijo feta esfarelado

10 cebolinhas cortadas em fatias finas

½ xícara de endro bem picado

¾ de xícara de salsinha picada

2 colheres (chá) de raspas de casca de limão-siciliano

¼ de xícara (60 ml) de suco de limão-siciliano

3 ovos caipiras levemente batidos

80 g de manteiga derretida

750 g de massa filo

1 Preaqueça o forno a 180 °C.
2 Retire 4 cm dos talos das folhas de acelga e de couve; descarte-os. Lave e escorra as verduras, deixando um pouco de água nas folhas. Rasgue as folhas de couve a partir do talo central. Retire o talo branco das folhas de acelga, cortando-as em formato de V. Pique bem os talos e as folhas, reservando-os separadamente.
3 Leve uma panela grande ao fogo alto; refogue os talos picados por 10 minutos, ou até amolecerem. Escorra bem. Repita o processo com as folhas picadas. Depois que as verduras refogadas esfriarem, aperte para retirar bem o excesso de água (essa medida impede que as tortas fiquem moles).
4 Em uma tigela grande, misture as verduras, o queijo feta, a cebola, as ervas, as raspas e o suco de limão e os ovos; tempere com pimenta-do-reino preta moída na hora.
5 Unte seis refratários ovais (capacidade de 500 ml cada). Pincele manteiga derretida em metade das folhas de massa filo e dobre-as para formar um retângulo menor, pincele manteiga por cima também. Coloque o retângulo de massa nos refratários, deixando uma borda sobressalente. Repita o processo com mais duas folhas de massa filo, formando camadas no refratário. A ideia é formar seis camadas. Coloque 1/6 do recheio no refratário. Pincele metade de uma folha de massa com manteiga derretida, dobre ao meio na transversal, pincele manteiga e dobre novamente; corte o excesso de massa da parte de cima. Coloque-a por cima do recheio, dobrando e torcendo as bordas sobressalentes de massa. Pincele um pouco mais de manteiga derretida por cima da massa. Repita o processo para fazer mais cinco tortinhas.
6 Borrife um pouco d'água em cada tortinha para evitar que queimem. Asse-as por 45 minutos ou até dourarem.

dicas Spanakopita é uma receita de origem grega, feita com espinafre. Para esta receita, use 1 pé grande de acelga e 1 maço de couve-manteiga. Corte as pontas das cebolinhas de modo a deixá-las com 28 cm de comprimento; descarte as partes cortadas. Você pode adiantar o preparo das spanakopitas. Monte-as seguindo a receita até a etapa 5, coloque-as em saquinhos e congele. Duram até 1 mês no freezer. Elas podem ir direto do freezer para o forno, sem descongelar. Caso faça assim, deixe-as um pouco mais no forno, ou até a massa dourar e o recheio cozinhar.
sugestão Sirva com brotos de ervilha.

Panquecas JAPONESAS

PRÉ-PREPARO + COZIMENTO 50 MINUTOS **(+ DESCANSO) PARA** 4 PESSOAS

Estas panquequinhas japonesas, conhecidas como okonomiyaki, são de preparo rápido. Se quiser, você pode usar sobras de legumes na receita.

1¾ xícara (255 g) de farinha de trigo
⅓ de xícara (50 g) de amido de milho
2 ovos caipiras
1½ xícara (375 ml) de água
6 xícaras (480 g) de repolho cortado em fatias bem finas
⅓ de xícara (90 g) de gengibre em conserva
2 colheres (sopa) de óleo de gergelim
2 cebolinhas cortadas em fatias finas
gengibre em conserva (extra) para servir
1 colher (sopa) de gergelim torrado

MOLHO ORIENTAL

¼ de xícara (60 ml) de molho de soja light
1 colher (sopa) de vinagre de arroz
2 colheres (chá) de óleo de gergelim

1 Em uma tigela grande, misture a farinha, o amido de milho, os ovos e a água até formar uma massa lisa e homogênea. Deixe descansar por 15 minutos.
2 Preaqueça o forno a 120 °C. Forre uma assadeira com papel-manteiga.
3 Prepare o molho oriental.
4 Junte o repolho e o gengibre em conserva à massa; misture bem.
5 Leve uma frigideira grande ao fogo médio. Esquente o óleo e coloque ¼ da massa na frigideira, girando-a para abri-la em uma espessura de 2,5 cm. Frite a panqueca por 4 minutos de cada lado ou até que doure e cozinhe por completo. Passe-a para uma assadeira e leve ao forno para mantê-la aquecida. Repita o processo com o restante da massa para fazer 4 panquecas no total.
6 Sirva-as com a cebolinha, o gengibre extra e o gergelim. Acompanhe com o molho oriental.
molho oriental Misture todos os ingredientes em uma tigela pequena.

sugestão Alguns dos molhos mais tradicionais para servir com okonomiyaki são a maionese japonesa e molho barbecue picante.

VEGETARIANO todo dia

Para o vegetariano que também consome ovos e derivados de leite. As receitas deste capítulo não contêm carne nem frutos do mar.

Espaguete de abobrinha COM TOMATE E QUEIJO FETA

PRÉ-PREPARO + COZIMENTO 55 MINUTOS **PARA** 4 PESSOAS

Em vez de massa, o espaguete desta receita é à base de abobrinha cortada em fios compridos. É uma ótima opção sem glúten.

500 g de tomates cereja

¼ de xícara (60 ml) de azeite

¼ de xícara de orégano fresco

200 g de queijo feta cortado em 4 pedaços compridos

¼ de colher (chá) de pimenta calabresa em flocos

5 abobrinhas pequenas (450 g)

3 dentes de alho cortados em fatias finas

2 colheres (chá) de raspas de casca de limão-siciliano

¼ de xícara (60 ml) de suco de limão-siciliano

2 colheres (sopa) de azeite (extra)

2 colheres (sopa) de orégano fresco bem picado (extra)

1 xícara de manjericão fresco (folhas miúdas)

2 colheres (sopa) de parmesão ralado grosso

1 Preaqueça o forno a 200 °C. Forre 2 assadeiras com papel-manteiga.

2 Disponha os tomates em uma assadeira e regue com 1 colher (sopa) do azeite. Salpique com 2 colheres (sopa) de orégano; tempere com sal. Asse por 20 minutos ou até dourarem e formarem bolhas.

3 Disponha as fatias de queijo feta em outra assadeira; regue com 1 colher (sopa) do azeite. Tempere com a pimenta calabresa e 2 colheres (chá) de orégano. Asse por 12 minutos ou até dourar.

4 Usando um descascador para corte à juliana ou utensílio próprio para cortes espirais (ver dicas), corte a abobrinha em forma de espaguete; coloque em uma tigela grande.

5 Leve uma frigideira pequena ao fogo médio. Esquente o restante do azeite; refogue o alho por 2 minutos ou até que doure levemente. Junte as raspas e o suco de limão, o azeite e o orégano extras.

6 Adicione a mistura de alho e os tomates assados (adicione o líquido que se soltar também) à abobrinha com o manjericão e o orégano restante; misture bem. Tempere com sal a gosto. Sirva o "espaguete" acompanhado do feta esfarelado e do parmesão ralado.

dicas Para cortar a abobrinha no formato de espaguete, é preciso usar os utensílios corretos: o descascador de legumes para cortes à juliana é um descascador de legumes com lâmina maior e serrada. Você também pode usar o utensílio que corta legumes em espiral. Esses utensílios são vendidos em lojas de artigos para cozinha.

Caldo de missô com ABÓBORA E MACARRÃO ORIENTAL

PRÉ-PREPARO + COZIMENTO 55 MINUTOS **PARA** 4 PESSOAS

- **⅓ de xícara (80 g) de missô**
- **¼ de xícara (60 ml) de molho tamari**
- **1 colher (sopa) de azeite**
- **600 g de abóbora de pescoço cortada em fatias (2,5 cm de espessura)**
- **1,5 litro (6 xícaras) de água**
- **1 pedaço (40 g) de gengibre fresco cortado em tiras finas**
- **140 g de macarrão tipo soba (seco)**
- **250 g de brócolis**
- **¼ de xícara de alga desidratada (nori) rasgada**
- **2 cebolinhas cortadas em fatias finas**
- **2 colheres (sopa) de gergelim torrado**

1 Preaqueça o forno a 200 °C. Forre uma assadeira com papel-manteiga.

2 Em uma tigela grande, misture 1 colher (sopa) de missô, 2 colheres (sopa) de molho tamari e o azeite. Junte a abóbora e misture bem. Arrume os pedaços de abóbora em uma assadeira, formando uma única camada. Asse por 40 minutos ou até ela ficar macia e dourada.

3 Leve a água ao fogo em uma panela grande com o gengibre e o restante do missô até que levante fervura. Junte o macarrão e os brócolis e deixe levantar fervura novamente. Reduza o fogo; ferva em fogo brando por 2 minutos ou até o macarrão amolecer. Adicione o restante do molho tamari; tempere com sal a gosto.

4 Distribua a abóbora e o caldo em tigelas pequenas de servir; salpique a alga quebradinha, a cebolinha e o gergelim por cima.

dica Pouco antes de servir, salpique com um pouco de shichimi tōgarashi — mistura japonesa de temperos em pó (que significa "pimenta de sete sabores"). Além de pimentas, a mistura pode incluir pimenta sichuan, casca desidratada de frutas cítricas, gergelim, sementes de papoula, sementes de cânhamo, gengibre, alho, shiso e alga nori. É vendida em lojas de produtos orientais. Caso não encontre, substitua por pimenta calabresa em flocos.

Sopa asiática NO POTE

PRÉ-PREPARO + COZIMENTO 20 MINUTOS **PARA** 4 PESSOAS

Para esta receita, você vai precisar de quatro potes de vidro refratários com tampa e capacidade de 2 xícaras (500 ml).

4 ovos caipiras cozidos e cortados ao meio no sentido do comprimento

1 colher (sopa) de pasta para tom yum (vegetariana)

40 g de macarrão de arroz tipo vermicelli (bifum)

8 cogumelos shimeji (90 g) rasgados

4 tiras finas (5 cm) de gengibre fresco

4 folhas frescas de limão kaffir rasgadas

8 tomates cereja cortados ao meio

⅓ de xícara (25 g) de brotos de feijão

1 pimenta dedo-de-moça cortada em fatias finas

1 limão (65 g) cortado em quatro

1,5 litro (6 xícaras) de água fervente

½ xícara de coentro fresco

1 Distribua os ovos, a pasta tom yum, o macarrão, os cogumelos, o gengibre, as folhas de limão kaffir, os tomates, os brotos de feijão e a pimenta em quatro potes de vidro refratário (capacidade de 2 xícaras). Esprema um pedaço de limão sobre os ingredientes de cada pote; e coloque o pedaço de limão no pote.

2 Despeje 1½ xícara (375 ml) da água fervente em cada pote; sem tampar, deixe a mistura descansar por 6 minutos, ou até o macarrão amolecer. Misture os ingredientes. Decore com coentro antes de servir.

dicas Esta receita é perfeita para levar na marmita. Ajuste a quantidade de pasta tom yum a gosto. Para deixar a sopa ainda melhor, você pode substituir a água por caldo de legumes fervente.

Macarrão
COM RABANETE

PRÉ-PREPARO + COZIMENTO 20 MINUTOS **PARA** 4 PESSOAS

Dentro do conceito de sustentabilidade e aproveitamento total dos alimentos, esta receita utiliza o bulbo, as folhas e os talos do rabanete.

¼ de xícara (40 g) de uvas-passas pretas

1½ colher (sopa) de vinagre de vinho tinto

1 kg de minirrabanetes cortados ao meio (reserve as folhas)

375 g de macarrão integral ou de espelta tipo penne

⅓ de xícara (80 ml) de azeite extra virgem

1 dente de alho amassado

⅓ de xícara (50 g) de pignoli tostados

¼ de xícara de sálvia fresca

½ xícara (40 g) de lascas de queijo pecorino

1 Em uma tigela pequena, misture as passas com o vinagre; deixe descansar por 15 minutos.

2 Pique grosseiramente as folhas de rabanete.

3 Cozinhe o macarrão em uma panela grande com água fervente até ficar al dente. Escorra, mas reserve 1 xícara do líquido do cozimento.

4 Leve uma frigideira grande ao fogo alto. Esquente o azeite; refogue os rabanetes, mexendo de vez em quando, por 3 minutos ou até dourarem. Adicione a mistura de passas, as folhas de rabanete, o alho, os pignoli e a sálvia; refogue por 1 minuto ou até o refogado soltar seu aroma e as folhas murcharem. Tempere com sal.

5 Acrescente o macarrão à frigideira com metade do queijo, o restante do azeite e quantidade suficiente do líquido de cozimento; tempere a gosto. Sirva com o restante das lascas de queijo.

dica Use os rabanetes mais frescos e bonitos que encontrar. O ideal é que estejam firmes, com folhas crocantes e de cor viva. Nesta receita, usamos 16 rabanetes e cerca de 2½ xícaras de folhas de rabanete.

Curry cingalês DE BATATA E ERVILHA

PRÉ-PREPARO + COZIMENTO 45 MINUTOS **PARA** 4 PESSOAS

4 batatas médias (800 g) picadas grosseiramente
¼ de xícara (60 g) de ghee (manteiga clarificada)
1 cebola média (150 g) cortada em fatias finas
4 dentes de alho bem picados
2½ colheres (sopa) de gengibre fresco bem picado
2 ramos de folhas frescas de curry
1 colher (sopa) de curry em pó
1½ colher (chá) de sementes de mostarda escura
½ colher (chá) de cúrcuma em pó
2 pimentas dedo-de-moça verdes cortadas em fatias finas
400 g de grão-de-bico cozido (sem o caldo)
1 xícara (120 g) de ervilha descongelada
½ xícara (125 ml) de água
½ colher (chá) de raspas de casca de limão
1 colher (sopa) de suco de limão
4 ovos caipiras
2 cebolinhas cortadas em fatias finas
1 xícara de coentro fresco

1 Leve as batatas ao fogo em uma panela com água fria; deixe levantar fervura. Cozinhe-as por 15 minutos ou até amolecerem.
2 Leve uma frigideira grande ao fogo médio. Esquente 2 colheres (sopa) de ghee e junte a cebola. Mexendo sempre, refogue por 5 minutos ou até a cebola começar a murchar. Acrescente o alho, o gengibre, as folhas de curry, o curry em pó, a mostarda, a cúrcuma e metade da pimenta. Refogue, mexendo sempre, por 1 minuto ou até que o refogado solte seu aroma.
3 Junte as batatas, o grão-de-bico, as ervilhas e a água; deixe levantar fervura. Reduza o fogo e cozinhe em fogo brando por 3 minutos ou até as ervilhas ficarem macias. Acrescente as raspas e o suco de limão; tempere com sal a gosto.
4 Leve uma frigideira grande ao fogo médio/alto. Esquente o ghee restante e frite os ovos por 2 minutos ou até as claras firmarem.
5 Sirva o prato com o ovo frito, a cebolinha, o coentro e o restante da pimenta sobre as batatas.

dica Use uma variedade de batata-inglesa com pouco amido; se quiser, experimente a batata do tipo ágata.

Salada de arroz E VERDURAS

PRÉ-PREPARO + COZIMENTO 20 MINUTOS **PARA** 4 PESSOAS

150 g de ervilha-torta (sem os fios e as pontas)

200 g de vagens (sem os fios e as pontas) cortadas ao meio no sentido do comprimento

200 g de buquês de brócolis cortados ao meio

2 colheres (chá) de azeite

500 g de arroz integral cozido

2 colheres (sopa) de sementes de abóbora torradas e picadas grosseiramente

1 abacate médio (250 g) cortado em fatias finas

1 colher (sopa) de sementes de abóbora torradas (extra)

MOLHO DE IOGURTE E ABACATE

1 abacate médio (250 g) picado grosseiramente

¾ de xícara (200 g) de iogurte natural tipo grego

¼ de xícara de manjericão fresco

2 colheres (sopa) de suco de limão

1 dente de alho pequeno bem picado

1 colher (sopa) de azeite

1 colher (sopa) de água

1 Prepare o molho de iogurte e abacate.

2 Cozinhe as ervilhas-tortas, as vagens e os brócolis separadamente em água, no vapor ou no micro-ondas até que fiquem macios; escorra. Misture-os com o azeite em uma tigela grande. Cubra para manter os legumes quentes.

3 Em uma tigela média, misture o arroz cozido com as sementes de abóbora; tempere a gosto.

4 Para montar o prato, coloque o arroz com ¾ da quantidade de molho, os legumes, o abacate, o restante do molho e as sementes extras de abóbora.

molho de iogurte e abacate Bata todos os ingredientes no processador ou liquidificador até formar um molho liso e homogêneo; tempere com sal a gosto.

dica Para obter um molho mais picante, acrescente 2 colheres (chá) de jalapeños em conserva bem picados.

Enroladinhos de lentilha COM SALADA DE TOMATE

PRÉ-PREPARO + COZIMENTO 45 MINUTOS **PARA** 4 PESSOAS

800 g de lentilha cozida escorrida (sem o caldo)

1 cebola pequena (80 g) ralada no ralo fino

2 dentes de alho amassados

⅓ de xícara (45 g) de pistache torrado e picado grosseiramente

1 colher (chá) de páprica doce

1 colher (chá) de cominho em pó

¼ de colher (chá) de canela em pó

¼ de colher (chá) de pimenta calabresa em flocos

1 ovo caipira levemente batido

10 folhas de massa filo

óleo para pincelar

½ colher (chá) de sumagre

⅔ de xícara (190 g) de iogurte natural tipo grego

SALADA DE TOMATE AO SUMAGRE

200 g de tomate picado

½ cebola roxa pequena (50 g) cortada em fatias finas

1 colher (sopa) de casca de limão-siciliano cortada em tiras finas

100 g de mix de folhas verdes baby

½ xícara de salsinha fresca

1½ colher (sopa) de azeite

1½ colher (sopa) de suco de limão-siciliano

½ colher (chá) de sumagre

1 Preaqueça o forno a 200 °C. Forre uma assadeira com papel-manteiga.

2 Em uma tigela grande, amasse as lentilhas levemente. Acrescente a cebola, o alho, o pistache, a páprica, o cominho, a canela, a pimenta e o ovo; misture. Tempere com sal.

3 Coloque as folhas de massa filo uma em cima da outra, formando cinco camadas. Pincele cada folha com óleo (cubra as outras folhas de massa com um pano de prato limpo e úmido). Distribua metade da mistura de lentilha no sentido do comprimento da massa; enrole-a para fechar o recheio. Corte a massa enrolada em quatro pedaços iguais. Coloque na assadeira e pincele com óleo novamente. Repita o processo com as demais folhas de massa, até formar 8 enroladinhos no total.

4 Polvilhe com sumagre os enroladinhos; asse-os por 30 minutos, ou até ficarem dourados e crocantes.

5 Enquanto isso, prepare a salada de tomate ao sumagre.

6 Sirva os enroladinhos de lentilha com a salada e o iogurte.

salada de tomate ao sumagre Misture todos os ingredientes em uma tigela grande.

Está na época? Ponha na sacola!

Os alimentos da época são bem mais saborosos, o que é um estímulo a mais para consumi-los. Pense na diferença entre um tomate verdoso e um bem vermelhinho, amadurecido ao sol. Quer outra vantagem? Os alimentos da época saem mais em conta. Compre bastante e congele. Assim você vai ter alimentos de boa qualidade até a próxima estação.

Legumes ASSADOS

Veja alguns legumes que também ficam ótimos assados:

ERVA-DOCE Corte o bulbo da erva-doce em quatro; regue com azeite e asse no forno até caramelizar.

MILHO Corte as espigas em 2 pedaços, coloque na assadeira e asse em temperatura alta por 20 minutos; sirva com manteiga de missô.

COUVE-FLOR Misture os buquês com um pouco de mel, cúrcuma em pó e azeite; asse no forno até ficarem dourados e macios. Misture com uvas-passas embebidas em vinagre, especiarias e ervas de sua preferência.

ALCACHOFRA Disponha os corações de alcachofra cozidos em um refratário raso com manteiga; asse no forno até ficarem crocantes.

NABO E CHUCHU Corte-os em cubos e coloque em uma assadeira com azeite e sal. Leve ao forno a 200 °C por cerca de 1 hora, mexendo de vez em quando até dourar.

COMO APROVEITAR AS SOBRAS DE ARROZ...

PARA DAR LIGA A FRITADAS E BOLINHOS DE LEGUMES; COMO RECHEIO DE SPANAKOPITA (VER RECEITA NA P. 144). BATA AS SOBRAS DE ARROZ NO PROCESSADOR COM SEMENTES E 1 OVO PEQUENO PARA FAZER UMA MASSA CROCANTE; ASSE NO FORNO A 200 °C ATÉ FICAR DOURADA E CROCANTE, CUBRA COM FATIAS DE TOMATE E MANJERICÃO FRESCO.

Ervas em galhos

Galhos de ervas mais firmes como tomilho e alecrim podem ser pendurados para secar; você pode também desfolhar os raminhos e acomodar as folhas em fôrmas de gelo, cobrir com azeite e congelar por até 1 mês. Use diretamente durante o preparo da comida, sem necessidade de descongelar.

TRANSFORME AS ABOBRINHAS EM...

Bolinhos Rale as abobrinhas no ralo grosso, apertando-as para retirar o excesso de líquido. Misture com um ovo, hortelã picada, ½ xícara de queijo feta esfarelado e um pouco de farinha para dar liga. Frite os bolinhos no azeite.

Salada grelhada Grelhe fatias de abobrinha com pétalas de cebola roxa; misture com azeitonas pretas gregas, manjericão e mozarela de búfala.

DICA ESPERTA

COZINHAR OS LEGUMES COM CASCA AJUDA A ECONOMIZAR TEMPO E NUTRIENTES

LEITES *Vegetais*

Após o preparo de leites vegetais (ver receita na p. 170), sobra uma polpa moída e seca das oleaginosas, que pode ser congelada. Veja algumas sugestões de uso:

Misturada com ***pastas de curry***

Para engrossar ***sopas*** e ***cozidos***

Salpicada sobre a ***granola*** ou adicionada a ***vitaminas*** para aumentar o teor de fibras

Para dar liga em ***bolinhos de legumes*** sem necessidade de usar farinha de rosca

SABENDO USAR *não vai faltar*

LEGUMES COM TALOS COMESTÍVEIS:

RABANETE	BETERRABA	NABO	ERVA-DOCE	SALSÃO
Você pode refogar as folhas do rabanete com um pouco de azeite (ver receita na p. 157).	Use as folhas novas e pequenas em saladas; frite as folhas mais maduras junto com os talos bem picados.	Suas folhas, de sabor parecido com o da mostarda, ficam ótimas refogadas em um pouco de azeite, sal e suco de limão.	Pique as folhas da erva-doce ou retire os raminhos; use como substituto do endro para dar um leve toque de anis às suas preparações.	Suas folhas e talos ficam bons refogados em óleo de gergelim ou azeite, ou nos dois ao mesmo tempo.

Wraps de salpicão e ABOBRINHA EMPANADA

PRÉ-PREPARO + COZIMENTO 40 MINUTOS **PARA** 4 PESSOAS

- **2 abobrinhas médias (240 g) cortadas em fatias finas no sentido do comprimento**
- **2 ovos caipiras levemente batidos**
- **1⅓ xícara (200 g) de panko (farinha de rosca japonesa)**
- **¼ de xícara (60 ml) de azeite**
- **1 pé de alface roxa (folhas separadas)**
- **4 wraps integrais de 20 cm de diâmetro (70 g)**

MOLHO BARBECUE BRANCO

- **¼ de colher (chá) de alho em pó**
- **¼ de colher (chá) de pimenta-de-caiena em pó**
- **2 colheres (chá) de molho cremoso de raiz-forte (horseradish cream)**
- **⅓ de xícara (110 g) de maionese**
- **1 colher (sopa) de suco de limão-siciliano**
- **1 colher (sopa) de água**

SALPICÃO

- **1 xícara (80 g) de repolho roxo cortado fino**
- **½ cebola pequena (40 g) cortada em fatias finas**
- **1 cenoura média (120 g) ralada no ralo grosso**
- **⅔ de xícara (50 g) de brotos variados**

1 Prepare o molho barbecue branco e, depois, o salpicão.
2 Passe a abobrinha no ovo batido e empane na farinha panko, apertando de leve.
3 Leve uma frigideira grande ao fogo médio/alto. Esquente metade do azeite. Frite metade da quantidade de abobrinhas por 3 minutos ou até dourar dos dois lados. Repita o processo com o restante do azeite e da abobrinha.
4 Coloque uma folha de alface sobre cada wrap; cubra com o salpicão, a abobrinha empanada e o restante do molho barbecue branco. Enrole o wrap para fechar o recheio.
molho barbecue branco Misture todos os ingredientes em uma tigela pequena.
salpicão Em uma tigela média, misture o repolho, a cebola, a cenoura, os brotos e metade do molho barbecue branco. Tempere com sal a gosto.

Fritada de batata, PIMENTÃO E ESPINAFRE

PRÉ-PREPARO + COZIMENTO 40 MINUTOS **PARA** 4 PESSOAS

500 g de batata-bolinha

8 ovos caipiras

⅔ de xícara (160 ml) de leite

1 colher (sopa) de azeite

100 g de espinafre baby

1 xícara (240 g) de pimentão vermelho assado em conserva (escorrido) e picado grosseiramente

100 g de queijo de cabra (macio) esfarelado

1 colher (sopa) de tiras de casca de limão-siciliano (ver dica)

MOLHO DE AZEITONAS

¼ de xícara (55 g) de azeitonas kalamata sem caroço picadas

¼ de xícara (40 g) de azeitonas azapa ou gordal sem caroço picadas

¼ de xícara (40 g) de azeitonas verdes sem caroço picadas

½ cebola roxa pequena (50 g) bem picada

¼ de xícara de salsinha picada

uma pitada de pimenta calabresa em flocos

1 colher (sopa) de azeite

2 colheres (chá) de suco de limão-siciliano

1 Coloque as batatas em uma panela média, cubra com água fria e leve ao fogo. Cozinhe em fogo médio por 15 minutos ou até ficarem macias; escorra. Corte-as em pedaços de 2,5 cm.

2 Enquanto isso, prepare o molho de azeitonas.

3 Bata os ovos e o leite em uma tigela média; tempere com sal.

4 Preaqueça o forno no modo grill.

5 Leve uma frigideira grande e de fundo grosso ao fogo médio/alto. Esquente o azeite e refogue o espinafre até que murche. Acrescente as batatas e o pimentão; refogue, mexendo sempre, por 1 minuto. Despeje a mistura de ovo e leite por cima do refogado. Reduza o fogo para médio; cozinhe a fritada por 7 minutos, ou até os ovos quase firmarem. Cubra com queijo. Leve ao forno preaquecido em modo grill por 3 minutos ou até ficar dourada e firme.

6 Sirva a fritada com o molho de azeitonas. Decore com as tiras de casca de limão.

molho de azeitonas Misture todos os ingredientes em uma tigela pequena.

dica Se tiver o utensílio correto, use-o para cortar tiras finas da casca do limão-siciliano. Caso não tenha, use uma faca para cortar duas tiras compridas de casca, sem a camada branca; depois corte-as em tirinhas finas.

LEITE VEGETAL

PREPARO 10 MINUTOS **(+ DESCANSO)**
RENDIMENTO 2 XÍCARAS (500 ML)

É possível produzir leites vegetais a partir da maioria das oleaginosas: avelã, amêndoa, castanha de caju e noz-pecã. Se quiser adoçar seu leite vegetal, use xarope de bordo (maple syrup) ou purê de tâmara.

Coloque 1 xícara (140 g) de avelã sem casca e sem pele em uma tigela grande; cubra com água fria. Cubra a tigela e deixe de molho por 4 horas ou durante uma noite. Escorra e enxágue com água fria. Escorra novamente. Bata as avelãs com 2 xícaras (500 ml) de água no liquidificador até formar uma mistura lisa. Passe a mistura em uma peneira forrada com tecido fino de algodão apoiada em uma tigela grande. Reserve a polpa para outros usos (ver dicas na p. 171).

LEITE COM ESPECIARIAS

LEITE COM BAUNILHA

DICAS

Usar oleaginosas sem pele ajuda a produzir um leite mais clarinho.

Espalhe a polpa moída em uma assadeira e leve ao forno a 150 °C para desidratá-la. Use-a com cereais matinais ou acrescente-a a ensopados e pastas de curry.

Quanto mais potente o liquidificador usado, mais liso ficará o leite.

LEITE COM ESPECIARIAS

Prepare o leite seguindo as instruções da p. 170 usando 1 xícara de noz-pecã. Junte canela em pau, anis-estrelado e pistilos de açafrão.

LEITE COM BAUNILHA

Prepare o leite seguindo as instruções da p. 170 usando ½ xícara de amêndoa e ½ xícara de castanha de caju. Corte uma fava de baunilha ao meio, raspe as sementes com as costas da faca e junte-as ao leite; misture bem.

Borek de queijo E VERDURAS

PRÉ-PREPARO + FORNO 1 HORA 20 MINUTOS **PARA** 6 PESSOAS

6 folhas grandes de acelga (480 g)

óleo para pincelar e untar

4 ovos caipiras

500 g de queijo cottage

200 g de queijo feta esfarelado

1 xícara (240 g) de creme azedo (sour cream; ver glossário)

¾ de xícara (180 ml) de água com gás

250 g de massa filo

1 ovo caipira levemente batido

1 colher (chá) de sementes de papoula ou chia

1 colher (sopa) de sementes de girassol

1 colher (sopa) de sementes de abóbora

1 Preaqueça o forno a 170 °C. Unte uma assadeira retangular de 22 cm x 32 cm x 6 cm.

2 Corte fora 4 cm dos talos das folhas de acelga; separe as folhas e os talos. Pique, separadamente, as folhas e os talos em tiras bem finas. Para esta receita, é necessário usar 4 xícaras de folhas picadas e 1½ xícara de talos picados.

3 Unte levemente uma frigideira grande com óleo e leve ao fogo alto; refogue as folhas e os talos de acelga por 2 minutos ou até murcharem e ficarem macios. Quando esfriarem o suficiente, aperte para retirar o excesso de água; reserve para esfriar.

4 Bata os ovos em uma tigela grande. Junte o queijo cottage, o feta, o sour cream, a água com gás e as folhas e talos refogados e espremidos; misture bem e tempere com sal.

5 Coloque 5 folhas de massa filo, uma em cima da outra, formando uma base, sempre pincele óleo entre elas; forre o fundo do refratário. Espalhe 1 xícara da mistura de queijo por cima dessa camada.

6 Faça uma camada de massa colocando duas folhas de massa filo, sempre pincele óleo entre elas; coloque essa camada de massa por cima do recheio de queijo. Espalhe 1 xícara da mistura de queijo por cima da massa. Repita o processo com mais uma camada de duas folhas de massa filo e o restante do recheio de queijo. Agora, faça outra camada com 5 folhas de massa filo, uma em cima da outra, sempre pincelando-as com óleo; coloque por cima do recheio de queijo.

7 Pincele o ovo por cima da massa, salpique com as sementes. Asse a torta por 50 minutos, ou até que doure e asse por completo.

dica As folhas de massa filo, enquanto não estiverem sendo usadas, devem ser cobertas com um pano de prato limpo e úmido. Essa medida impede que a massa resseque.

Couves de forno
COM MOLHO DE TAHINE

PRÉ-PREPARO + COZIMENTO 45 MINUTOS **PARA** 4 PESSOAS

⅓ de xícara (80 ml) de azeite

1½ colher (chá) de cominho em pó

1 colher (chá) de sementes de cominho-preto

2 colheres (chá) de gergelim torrado

2 colheres (sopa) de mel

1 couve-flor pequena (1 kg) sem os talos, cortada em floretes

500 g de couve-de-bruxelas

¼ de xícara (40 g) de pignoli

2 colheres (sopa) de coentro fresco

2 colheres (sopa) de hortelã fresca

MOLHO DE TAHINE

½ xícara (90 g) de tahine

⅓ de xícara (80 ml) de suco de limão-siciliano

1 dente de alho amassado

¼ de xícara (60 ml) de água fria

2 colheres (sopa) de coentro fresco bem picado

2 colheres (sopa) de hortelã fresca picada

1 Preaqueça o forno a 220 °C. Forre uma assadeira com papel-manteiga.
2 Em uma tigela grande, misture o azeite, o cominho em pó, as sementes de cominho-preto, o gergelim e o mel. Tempere com sal. Acrescente a couve-flor e as couves-de-bruxelas e misture bem. Espalhe os legumes temperados na assadeira.
3 Asse por 15 minutos ou até os legumes dourarem e ficarem al dente. Acrescente os pignoli à assadeira; asse por mais 5 minutos ou até as sementes dourarem e os legumes ficarem macios.
4 Enquanto isso, prepare o molho de tahine.
5 Na hora de servir, decore os legumes com as ervas frescas e regue com o molho de tahine.
molho de tahine Misture todos os ingredientes em uma tigela pequena; tempere com sal a gosto.

dicas As sementes de cominho-preto, também conhecidas como sementes de nigela, são usadas no pão típico da Turquia. São encontradas em delicatessens e empórios de temperos e especiarias; caso não encontre, use sementes de cominho. Antes de usar o tahine, mexa-o com um garfo para misturar o óleo da camada de cima à pasta; use apenas líquidos frios no tahine, pois os quentes têm efeito contrário e acabam engrossando a pasta.
sugestão Sirva com pão achatado (sírio, chapati ou naam) quente.

Pilaf picante DE TOMATE E TOFU

PRÉ-PREPARO + COZIMENTO 35 MINUTOS **PARA** 6 PESSOAS

60 g de manteiga

2 cebolas roxas pequenas (200 g) cortadas em fatias finas

200 g de cubos de tofu em marinada tailandesa (ver dica)

1½ xícara (300 g) de arroz jasmim

2 colheres (chá) de gengibre fresco ralado

1 pimenta dedo-de-moça sem sementes e bem picada

2 colheres (sopa) de pasta de curry vermelho tailandês

400 g de tomates pelados picados

1½ xícara (375 ml) de água fervente

100 g de ervilha-torta (sem os fios e as pontas)

¼ de xícara (35 g) de amendoim torrado picado grosseiramente

2 cebolinhas cortadas em fatias finas

¼ de xícara de talos de coentro fresco

1 limão médio (65 g) cortado em quatro

1 Leve uma frigideira (26 cm) ao fogo médio. Esquente a manteiga. Refogue a cebola e o tofu, mexendo de vez em quando, por 5 minutos ou até a cebola murchar e o tofu dourar.

2 Enquanto isso, lave o arroz em uma peneira em água corrente até a água sair límpida. Reserve.

3 Junte o gengibre, a pimenta e a pasta de curry; aumente o fogo. Mexendo sempre, refogue por 3 minutos ou até a mistura começar a ficar grudenta e caramelizada. Adicione o arroz lavado e mexa bem para cobri-lo com os temperos. Acrescente o tomate e a água; tempere com uma boa quantidade de sal.

4 Depois que levantar fervura, tampe e reduza o fogo para brando. Deixe ferver por 15 minutos ou até o arroz absorver o líquido. Retire a frigideira do fogo e junte as ervilhas-tortas. Tampe e deixe descansar por 5 minutos (o calor residual ajudará a terminar de cozinhar as ervilhas-tortas e o arroz).

5 Sirva o pilaf salpicado com o amendoim, as cebolinhas e o coentro acompanhado do limão cortado.

dica Nesta receita, o tofu usado foi comprado já temperado em uma marinada tailandesa; caso não encontre esse tofu, tempere em casa ou use o tofu puro, se preferir.

Omelete de acelga COM SALADA DE PIMENTÃO

PRÉ-PREPARO + COZIMENTO 35 MINUTOS **PARA** 4 PESSOAS

- **260 g de pimentão vermelho assado em conserva (escorrido) e picado em fatias grossas**
- **1 colher (sopa) de tomilho fresco**
- **1 dente de alho amassado**
- **1 colher (sopa) de vinagre balsâmico**
- **1 colher (sopa) de azeite**
- **6 folhas médias de acelga**
- **10 ovos caipiras**
- **¼ de xícara (60 ml) de leite**
- **2 dentes de alho amassados (extra)**
- **3 xícaras (350 g) de brotos de ervilha (aperte bem na xícara)**
- **½ xícara (40 g) de lascas de queijo pecorino**

1 Em uma tigela grande, misture o pimentão, o tomilho, o alho, o vinagre e o azeite; deixe descansar por 15 minutos.
2 Retire os talos das folhas de acelga (reserve-os para outra receita, se quiser) e pique as folhas. Em uma tigela grande, bata os ovos, o leite, a acelga e o alho extra; tempere com sal.
3 Leve uma frigideira pequena antiaderente ao fogo médio para aquecê-la. Despeje nela ¼ da mistura de ovos; incline a frigideira para espalhar a mistura no fundo. Frite em fogo médio por 3 minutos ou até a omelete firmar. Com cuidado, passe-a para um prato; cubra para mantê-la aquecida. Repita o processo com o restante da mistura de ovos, até ter 4 omeletes no total.
4 Junte os brotos de ervilha e as lascas de pecorino à mistura de pimentão; mexa bem.
5 Sirva as omeletes acompanhadas da salada.

Legumes assados e POLENTA COM QUEIJO FETA E MANJERICÃO

PRÉ-PREPARO + COZIMENTO 50 MINUTOS **PARA** 6 PESSOAS

- 500 g de abóbora picada grosseiramente
- 2 abobrinhas grandes (300 g) picadas grosseiramente
- 2 cebolas roxas médias (340 g) cortadas em quatro
- 2 pimentões vermelhos grandes (700 g) picados grosseiramente
- 1 colher (sopa) de sementes de cominho
- 2 colheres (chá) de coentro em pó
- ½ colher (chá) de pimenta calabresa em flocos
- 2 dentes de alho amassados
- ¼ de xícara (60 ml) de azeite
- 2 colheres (sopa) de vinagre de vinho tinto
- 1,5 litro (6 xícaras) de caldo de legumes (ver receita na p. 40)
- 1½ xícara (250 g) de fubá
- 200 g de queijo feta esfarelado
- ½ xícara de manjericão fresco rasgado
- ⅓ de xícara (45 g) de avelãs torradas e picadas grosseiramente

1 Preaqueça o forno a 220 °C. Forre 2 assadeiras com papel-manteiga.
2 Em uma tigela grande, misture a abóbora, a abobrinha, a cebola, o pimentão, as sementes de cominho, o coentro, a pimenta, o alho e o azeite; tempere com sal a gosto. Espalhe os legumes temperados nas assadeiras. Asse por 30 minutos ou até eles dourarem e ficarem macios. Regue com o vinagre.
3 Leve o caldo de legumes ao fogo em uma panela grande até que levante fervura. Aos poucos junte o fubá, mexendo sem parar com o fouet. Reduza o fogo; sem parar de mexer, cozinhe por 10 minutos ou até engrossar, mas ficar mole. Adicione 125 g do queijo feta e ⅓ de xícara do manjericão.
4 Sirva a polenta imediatamente, acompanhada dos legumes assados, das avelãs, do restante do feta e do manjericão.

Pastel folhado de brócolis, MOSTARDA E CHEDDAR

PRÉ-PREPARO + COZIMENTO 30 MINUTOS **PARA** 6 PESSOAS

6 folhas de massa folhada

½ xícara (140 g) de mostarda com mel

300 g de brócolis bem picados

1½ xícara (180 g) de queijo cheddar ralado

1½ xícara (150 g) de queijo mozarela ralado

1 ovo caipira levemente batido

3 colheres (chá) de gergelim torrado

1 Preaqueça o forno a 200 °C. Forre 2 assadeiras com papel-manteiga.

2 Usando um prato como molde, corte seis círculos (22 cm) de massa folhada. Espalhe a mostarda nos círculos de massa, deixando 1 cm de borda livre.

3 Em uma tigela grande, misture os brócolis, o cheddar e a mozarela; tempere com sal. Coloque 1/6 da mistura de brócolis no meio de cada círculo de massa; dobre ao meio, no formato de pastel, torcendo as bordas para fechar. Repita o processo com o restante do recheio e dos círculos de massa.

4 Arrume os pastéis nas assadeiras. Pincele com o ovo e espalhe gergelim por cima; faça 4 talhos em cima de cada pastel.

5 Asse os pastéis por 25 minutos ou até a massa ficar crocante e folhada.

dica Estes pastéis podem ser feitos com um 1 dia de antecedência; basta seguir o preparo até o fim da etapa 3; cubra com filme de PVC e conserve na geladeira até a hora de assar.

sugestão Sirva com uma salada verde simples.

Salada de grão-de-bico
COM CENOURA E QUEIJO DE CABRA

PRÉ-PREPARO + COZIMENTO 15 MINUTOS **PARA** 4 PESSOAS

- **2 colheres (sopa) de azeite aromatizado de alho**
- **2 colheres (sopa) de suco de limão-siciliano**
- **2 colheres (chá) de mel**
- **400 g de cenoura ralada (ver dicas)**
- **800 g de grão-de-bico cozido (sem o caldo)**
- **1 cebola roxa pequena (100 g) cortada em fatias finas**
- **½ xícara (80 g) de uvas-passas brancas**
- **½ xícara (70 g) de amêndoas em lascas (torradas)**
- **1 xícara de hortelã fresca**
- **200 g de ricota de leite de cabra**
- **3 colheres (chá) de harissa**
- **2 pães sírios integrais (150 g) aquecidos**
- **1 limão-siciliano médio (140 g) cortado em quatro**

1 Em uma tigela grande, misture o azeite, o suco de limão e o mel. Junte a cenoura ralada, o grão-de-bico, a cebola, as passas, as lascas de amêndoas e a hortelã; mexa bem. Tempere com sal a gosto.

2 Em uma tigela pequena, misture a ricota e a harissa.

3 Sirva a salada acompanhada da ricota temperada. Complemente com o pão sírio e o limão cortado.

dicas Use um descascador para corte à juliana para cortar a cenoura em tiras compridas e finas. Você encontra esse utensílio em lojas especializadas de artigos de cozinha. A harissa é uma pasta picante de pimenta; há várias marcas no mercado, sendo que algumas são mais fortes que as outras. Se você for uma pessoa "fraca" para pimenta, é provável que não aguente nenhuma receita que contenha harissa, mesmo que reduza a quantidade.

Quinoa verde COM OVOS AO GERGELIM

PRÉ-PREPARO + COZIMENTO 25 MINUTOS **PARA** 2 PESSOAS

1 xícara (250 g) de caldo de legumes (ver receita na p. 40)

½ xícara (100 g) de quinoa branca lavada

4 ovos em temperatura ambiente

2 colheres (chá) de óleo de coco

1 dente de alho pequeno amassado

1 pimenta dedo-de-moça cortada em fatias finas

2 xícaras (80 g) de couve cortada em tiras finas (ver dicas)

2 xícaras (90 g) de folhas de acelga cortadas em tiras finas bem apertadas na xícara (ver dicas)

1 colher (sopa) de suco de limão-siciliano

¼ de xícara de salsinha picada

1 colher (sopa) de gergelim branco

1 colher (sopa) de gergelim preto

1 colher (chá) de sal marinho

1 Leve o caldo de legumes e a quinoa ao fogo em uma panela média. Deixe levantar fervura. Reduza o fogo. Cozinhe em fogo brando por 15 minutos ou até a maior parte do caldo ter sido absorvida. Retire do fogo; tampe e deixe descansar por 5 minutos.

2 Enquanto isso, cozinhe os ovos em uma panela pequena, coloque os ovos na água fria e conte 5 minutos depois que a água ferver. Retire-os imediatamente da água fervente; esfrie-os sob água corrente por 30 segundos.

3 Leve uma panela média ao fogo médio. Esquente o óleo de coco. Adicione o alho e a pimenta; sem parar de mexer, refogue por 2 minutos ou até o refogado soltar seu aroma. Adicione a couve e a acelga; refogue-as até murcharem. Acrescente a quinoa cozida e o suco de limão; tempere com sal a gosto.

4 Em uma tigela pequena, misture a salsinha, os gergelins e o sal. Descasque os ovos e passe-os nessa mistura.

5 Coloque os ovos por cima da quinoa e sirva.

dicas Para esta receita, use 1 maço de couve-manteiga e 1 pé pequeno de acelga. Caso sobrem verduras, você pode refogá-las em azeite ou usá-las em sopas.

Shakshuka COM GRÃO-DE-BICO

PRÉ-PREPARO + COZIMENTO 30 MINUTOS **PARA** 4 PESSOAS

- 1 colher (chá) de sementes de alcaravia (kümmel)
- 1 colher (chá) de semente de cominho
- 1 colher (chá) de páprica defumada
- 2 colheres (sopa) de azeite
- 2 dentes de alho amassados
- 1 pimenta dedo-de-moça bem picada
- 1 cebola grande (200 g) bem picada
- 1 pimentão vermelho grande (350 g) picado grosseiramente
- 400 g de grão-de-bico cozido (sem o caldo)
- 400 g de tomates pelados picados
- 1 xícara (250 ml) de água
- 2 colheres (chá) de harissa
- 2 colheres (chá) de açúcar
- 4 ovos caipiras
- ¼ de xícara de coentro fresco

1 Leve ao fogo médio uma frigideira grande que possa ir ao forno. Junte as sementes de temperos e a páprica e, mexendo sempre, deixe torrar por 1 minuto ou até os ingredientes começarem a soltar seus aromas. Junte o azeite, o alho e a pimenta; mexendo sempre, refogue por 1 minuto ou até o refogado começar a soltar seu aroma.
2 Junte a cebola e o pimentão. Mexendo sempre, deixe refogar por 8 minutos ou até a cebola murchar. Junte o grão-de-bico, os tomates, a água, a harissa e o açúcar; deixe levantar fervura. Reduza o fogo; cozinhe em fogo brando por 5 minutos ou até os legumes ficarem macios e o líquido engrossar um pouco.
3 Com o auxílio de uma colher, abra 4 cortes rasos na mistura de tomate. Quebre um ovo em cada buraco. Tampe e cozinhe em fogo brando por 5 minutos, até as claras firmarem e as gemas continuarem moles ou até ficarem no ponto de sua preferência. Decore com o coentro antes de servir.

dica A harissa é uma pasta picante de pimenta; há várias marcas no mercado, sendo que algumas são mais fortes que as outras. Se você for uma pessoa "fraca" para pimenta, é provável que não aguente nenhuma receita que contenha harissa, mesmo que reduza a quantidade.
sugestão Sirva com pão-folha multigrãos e azeite de pimenta. Preaqueça o forno a 220 °C. Pincele os pães com óleo e corte-os em 4 pedaços. Asse-os no forno por 8 minutos ou até dourarem e ficarem crocantes.

Salada de tofu defumado
COM MOLHO DE AMENDOIM

PRÉ-PREPARO + COZIMENTO 45 MINUTOS **PARA** 4 PESSOAS

4 ovos caipiras

¼ de xícara (60 ml) de água

1 colher (sopa) de cebola frita

1 colher (chá) de molho tamari

1 colher (sopa) de óleo de gergelim

350 g de tofu defumado cortado em cubos de 1 cm

1 abacate médio (250 g) cortado em fatias finas

250 g de tomates cereja cortados ao meio

1½ xícara (120 g) de broto de feijão

½ xícara de coentro fresco

½ xícara de hortelã

75 g de folhas verdes baby

2 colheres (sopa) de gergelim preto

MOLHO DE AMENDOIM

⅓ de xícara (45 g) de amendoim torrado picado grosseiramente

1 cebolinha cortada em fatias finas

1 pimenta dedo-de-moça cortada em fatias finas

1 colher (chá) de gengibre fresco ralado no ralo fino

1 dente de alho amassado

1½ colher (sopa) de açúcar mascavo

2 colheres (sopa) de óleo de gergelim

2 colheres (sopa) de molho tamari

¼ de xícara (60 ml) de vinagre de arroz

1½ colher (sopa) de suco de limão

1 Prepare o molho de amendoim.
2 Em uma tigela grande, misture os ovos, a água a cebola frita e o molho tamari.
3 Leve uma wok ao fogo médio. Esquente o óleo. Despeje metade da mistura de ovos na wok; frite, girando a panela, até o ovo ficar quase firme. Retire a omelete da wok. Repita o processo com o restante da mistura. Enrole as omeletes bem apertado e corte em tiras finas; reserve.
4 Em uma tigela grande, misture o tofu com os demais ingredientes e o molho de amendoim; mexa bem.
5 Sirva a salada de tofu com as tirinhas de omelete.
molho de amendoim Misture todos os ingredientes com um garfo em uma tigela média.

dicas Você encontra o tofu defumado em feiras, mercados e lojas de produtos naturais, mas também pode substituí-lo por tofu comum nesta receita. Para manter o broto de feijão bem crocante, conserve-o em água gelada na geladeira por até 3 dias.

Pizza de quinoa com CENOURA E QUEIJO FETA

PRÉ-PREPARO + COZIMENTO 45 MINUTOS **PARA** 8 PESSOAS

400 g de cenouras baby (não descasque)

150 g de ricota fresca

100 g de queijo feta esfarelado

1 dente de alho amassado

1 ovo

¼ de colher (chá) de sementes de erva-doce

¼ de colher (chá) de sementes de cominho

¼ de xícara (20 g) de parmesão ralado fino

2 colheres (sopa) de azeite extra virgem

1 xícara (280 g) de iogurte natural tipo grego

½ xícara de broto de ervilha

MASSA DE QUINOA

1⅔ xícara (250 g) de farinha de trigo

¼ de xícara (50 g) de quinoa vermelha

½ colher (chá) de fermento biológico seco

1 colher (chá) de sal marinho

⅓ de xícara (80 ml) de azeite extra virgem

⅔ de xícara (160 ml) de água quente

1 Prepare a massa de quinoa.

2 Preaqueça o forno a 220 °C.

3 Apare os talos das cenouras, deixando um pedaço de 2 cm; reserve uma pequena quantidade dos talos. Lave as cenouras e os talos cortados. Pique bem os talos; para esta receita serão usadas 2 colheres (sopa). Em uma tigela média, misture os talos picados com a ricota, o queijo feta, o alho e o ovo. Tempere com sal.

4 Divida a massa ao meio. Abra uma metade da massa em cima de uma folha de papel-manteiga levemente enfarinhada até deixá-la em formato ovalado de 12 cm x 40 cm. Levante o papel com a massa e coloque-a em uma assadeira grande. Repita o processo com a outra metade da massa.

5 Em cada massa aberta, espalhe metade da mistura de queijo; cubra com as cenouras. Salpique as sementes de erva-doce e de cominho e espalhe o queijo parmesão por cima; regue com um fio de azeite e tempere com sal a gosto.

6 Asse as tortas por 25 minutos ou até a massa dourar e assar por completo. Sirva as tortas cortadas em fatias com o iogurte e os brotos de ervilha.

massa de quinoa Leve os ingredientes, com exceção da água quente, ao processador e bata em modo pulsar por alguns segundos até misturá-los. Ainda com o processador ligado, junte a água; bata por mais 3 minutos até dar liga. Molde uma bola de massa; enrole em filme de PVC. Reserve.

VEGANO *todo dia*

Para os vegetarianos estritos, que só consomem alimentos de origem vegetal. As receitas deste capítulo não levam carnes, frutos do mar, laticínios ou ovos.

Ma po de tofu
E BERINJELA

PRÉ-PREPARO + COZIMENTO 35 MINUTOS **PARA** 4 PESSOAS

6 berinjelas pequenas (360 g) cortadas ao meio no sentido do comprimento (faça talhos na casca)

2 colheres (sopa) de óleo vegetal

2 dentes de alho cortados em fatias finas

1 pedaço (20 g) de gengibre fresco cortado em tiras finas

4 cebolinhas cortadas em fatias finas

3 cogumelos shiitake (45 g) cortados em fatias finas

1½ colher (sopa) de molho toban djan (pimenta e feijão)

½ xícara (125 ml) de caldo de legumes (ver receita na p. 40)

1 colher (sopa) de molho de soja

600 g de tofu macio cortado em pedaços de 5 cm

1 colher (chá) de amido de milho

2 colheres (sopa) de água

2 colheres (chá) de pimenta sichuan tostada

2 colheres (sopa) de nirá picado grosseiramente

1 Cozinhe as berinjelas em uma wok tampada com água fervente, em fogo brando, por 20 minutos ou até ficarem macias.

2 Leve uma wok grande ao fogo alto e esquente o óleo: refogue o alho, o gengibre e metade da cebolinha por 30 segundos ou até o refogado soltar seu aroma. Junte os cogumelos e o molho toban djan; refogue por 1 minuto. Adicione o caldo de legumes e o molho de soja; deixe levantar fervura. Acrescente o tofu; reduza o fogo e ferva em fogo brando por 3 minutos ou até a mistura esquentar.

3 Em uma tigela pequena, dilua o amido de milho com a água e junte à mistura de tofu da wok. Deixe levantar fervura novamente; ferva até a mistura engrossar. Retire do fogo. Acrescente a pimenta moída e ¾ da quantidade de nirá.

4 Sirva a berinjela com a mistura de tofu; espalhe o restante do nirá e da cebolinha por cima.

Guioza de verduras com MOLHO DE SOJA E PIMENTA

PRÉ-PREPARO + COZIMENTO 45 MINUTOS **PARA** 4 PESSOAS **(REFEIÇÃO LEVE)**

300 g de espinafre

125 g de folhas de brócolis chinês (gai lan)

1 xícara de cebolinha picada

2 colheres (sopa) de molho de soja

2 dentes de alho ralados no ralo fino

1½ colher (sopa) de gengibre ralado

2 colheres (chá) de óleo de gergelim

240 g de massa fresca de guioza

MOLHO DE SOJA E PIMENTA

¼ de xícara (60 ml) de molho de soja

2 colheres (sopa) de vinagre chinês preto

1 colher (chá) de açúcar

1 colher (chá) de óleo de gergelim

1 colher (chá) de azeite aromatizado com pimenta

1 cebolinha cortada em fatias finas

1 Cozinhe o espinafre e as folhas de brócolis em água, no vapor ou no micro-ondas até que fiquem macios; escorra. Passe em água fria e escorra. Esprema para retirar o excesso de água e pique bem.

2 Em uma tigela média, misture o espinafre, as folhas de brócolis, a cebolinha, o molho de soja, o alho, o gengibre e o óleo de gergelim.

3 Recheie cada massa de guioza com 2 colheres (chá) da mistura de espinafre. Com o auxílio dos dedos, molhe as bordas de cada massa com água; dobre até a metade e aperte as bordas para fechar. Repita com o restante da massa e do recheio.

4 Cozinhe os guiozas aos poucos em uma panela grande de água fervente por 2 minutos ou até começarem a boiar e ficarem macios. Escorra.

5 Prepare o molho de soja e pimenta.

6 Sirva os guiozas acompanhados do molho.

molho de soja e pimenta Misture todos os ingredientes em uma tigela pequena.

dica Se quiser transformar a receita em uma sopa de guioza, basta servi-los em uma tigela com caldo de legumes (ver receita na p. 40).

Panqueca vietnamita
DE COCO E CÚRCUMA

PRÉ-PREPARO + COZIMENTO 25 MINUTOS **(+ DESCANSO) PARA** 4 PESSOAS

⅔ de xícara (160 ml) de leite de coco

⅔ de xícara (160 ml) de água

½ xícara (90 g) de farinha de arroz

1 colher (chá) de cúrcuma em pó

¼ de xícara (60 ml) de óleo vegetal

300 g de tempeh cortado em 8 fatias

2 colheres (sopa) de molho hoisin

8 folhas de alface lisa

2 pepinos japoneses (260 g) cortados em palitos

1 xícara de hortelã

1 xícara de coentro

1 xícara de manjericão tailandês ou comum

1 xícara (80 g) de broto de feijão

PICLES DE CENOURA

⅓ de xícara (80 ml) de vinagre de arroz

2 colheres (chá) de açúcar

2 cenouras médias (240 g) cortadas em tiras finas

1 pimenta dedo-de-moça cortada em fatias finas

MOLHO DE LIMÃO

¼ de xícara (60 ml) de suco de limão-siciliano

2 colheres (chá) de açúcar

2 colheres (chá) de molho de soja

1 dente de alho pequeno bem picado

1 Em uma tigela média, misture o leite de coco, a água, a farinha de arroz e a cúrcuma até formar uma massa lisa e homogênea. Deixe descansar por 1 hora.

2 Enquanto a massa descansa, prepare os picles de cenoura e o molho de limão.

3 Leve uma frigideira ao fogo médio/alto. Esquente 1 colher (sopa) de óleo e frite os pedaços de tempeh por 1 minuto ou até ficarem dourados. Retire da frigideira.

4 Leve uma frigideira grande ao fogo médio/alto. Esquente 2 colheres (chá) de óleo. Despeje ¼ da massa; incline a frigideira para espalhá-la no fundo; frite por 2 minutos ou até a panqueca firmar. Com cuidado, passe-a para um prato; cubra para mantê-la aquecida. Repita o processo com o restante da massa até fazer 4 panquecas no total.

5 Espalhe molho hoisin nas panquecas; cubra com o tempeh, a alface, o pepino, os picles de cenoura, as ervas e o broto de feijão. Sirva com o molho.

picles de cenoura Misture o vinagre e o açúcar em uma tigela grande; adicione a cenoura e a pimenta e misture bem. Deixe descansar por 15 minutos; mexendo de vez em quando.

molho de limão Misture todos os ingredientes em uma tigela pequena; tempere com sal a gosto.

dicas Usamos um cortador para cortes à juliana para fazer as tiras de cenoura. Você encontra esse utensílio em lojas especializadas de artigos de cozinha e em bons supermercados.

Sopa de cenoura e lentilha
COM PESTO DE COENTRO

PRÉ-PREPARO + COZIMENTO 50 MINUTOS **PARA** 4 PESSOAS

2 colheres (sopa) de azeite

1 cebola grande (200 g) picada grosseiramente

750 g de cenoura picada grosseiramente

2 colheres (chá) de cominho em pó

2 colheres (chá) de coentro em pó

uma pitada de pimenta calabresa em flocos

1 xícara (100 g) de lentilha laranja

1 litro (4 xícaras) de caldo de legumes (ver receita na p. 40)

1½ xícara (375 ml) de água

½ xícara de coentro fresco

PESTO DE COENTRO

1 xícara de coentro fresco

1 dente de alho pequeno amassado

2 colheres (sopa) de pistache torrado

1 colher (sopa) de suco de limão-siciliano

¼ de xícara (60 ml) de azeite

1 Leve uma panela grande ao fogo médio. Esquente o azeite e junte a cebola e a cenoura. Tampe a panela e refogue-as por 10 minutos, mexendo de vez em quando ou até começarem a murchar. Adicione o cominho, o coentro em pó e a pimenta; misture. Acrescente a lentilha e o caldo de legumes e deixe levantar fervura. Reduza o fogo; ferva em fogo baixo com a panela tampada por 35 minutos ou até a lentilha e a cenoura ficarem macias.

2 Prepare o pesto de coentro.

3 Bata a sopa no liquidificador ou processador até ficar homogênea. Devolva a sopa batida à panela com a água e deixe levantar fervura. Tempere com sal a gosto. Na hora de servir, finalize a sopa com o pesto e folhas frescas de coentro.

pesto de coentro Bata o coentro fresco, o alho e o pistache no processador até que fiquem bem picados. Com o aparelho ainda ligado, acrescente o suco de limão e o azeite em um fio lento e constante, até formar uma mistura homogênea. Tempere com sal a gosto.

dica Depois que esfriar, a sopa tende a engrossar; caso precise, junte um pouco mais de água ou de caldo de legumes para afinar.

sugestão Sirva com pão de fermentação natural.

Salada de painço e BETERRABA ASSADA

PRÉ-PREPARO + COZIMENTO 1 HORA 20 MINUTOS **PARA** 4 PESSOAS

1 kg de beterrabas baby sem os talos (não descasque)
¼ de xícara (60 ml) de azeite
⅔ de xícara (130 g) de painço descascado (ver dicas)
2 xícaras (500 ml) de água
1 bulbo de erva-doce médio (300 g) cortado em fatias finas
½ cebola roxa pequena (50 g) cortada em fatias finas
6 folhas de acelga cortadas em tiras finas
⅓ de xícara (45 g) de pistache torrado e picado (sem sal)
2 colheres (sopa) de endro picado grosseiramente
¼ de xícara de salsinha picada grosseiramente

MOLHO DE HARISSA

¼ de xícara (60 ml) de azeite
1½ colher (sopa) de vinagre de xerez
3 colheres (chá) de pasta de harissa
1 colher (sopa) de suco de limão-siciliano

1 Preaqueça o forno a 200 °C. Forre uma assadeira com papel-manteiga.
2 Coloque as beterrabas na assadeira e regue com um pouco de azeite. Leve ao forno para assar por 50 minutos ou até ficarem macias. Descasque-as e descarte as cascas; corte-as ao meio ou em quatro, dependendo do tamanho.
3 Coloque o painço em uma panela média; cubra com água e leve ao fogo. Deixe levantar fervura, mexendo de vez em quando. Reduza o fogo; ferva em fogo brando por 15 minutos ou até o painço ficar al dente. Escorra. Devolva o painço cozido à panela com o restante do azeite; sem parar de mexer, refogue-o em fogo médio ou até ficar seco. Tempere com sal a gosto.
4 Prepare o molho de harissa.
5 Em uma tigela grande, misture delicadamente as beterrabas assadas, o painço cozido, a erva-doce, a cebola, a acelga, o pistache, as ervas e o molho de harissa.
molho de harissa Coloque todos os ingredientes em um pote de vidro com tampa; feche e agite bem. Tempere com sal a gosto.

dicas A harissa é uma pasta picante de pimenta; há várias marcas no mercado, sendo que algumas são mais fortes que as outras. Em geral, a harissa vendida em tubinhos é bem mais forte que a versão vendida em pote. Prove-a antes de utilizar na receita. Na Antiguidade, consumia-se mais painço na Ásia do que se consome arroz atualmente no continente. Assim como o arroz, ele também não contém glúten, sendo ótima opção para quem segue uma dieta de baixo ou zero glúten. Encontrado em lojas de produtos naturais, é fonte de fibras, proteínas e vitaminas do complexo B.

Tacos de batata-doce E TOMATE SECO

PRÉ-PREPARO + COZIMENTO 40 MINUTOS **PARA** 4 PESSOAS

2 batatas-doces pequenas (500 g) com casca

½ xícara (125 ml) de azeite

6 cebolinhas picadas grosseiramente

1 colher (chá) de cominho em pó

1 colher (chá) de coentro em pó

2 xícaras de coentro fresco picado grosseiramente (folhas e talos)

2 jalapeños frescos picados grosseiramente

1½ colher (chá) de raspas da casca de limão

2 colheres (sopa) de suco de limão

⅓ de xícara (80 ml) de água

500 g de tomates secos conservados em azeite

¼ de colher (chá) de alho em pó

¼ de colher (chá) de cebola em pó

½ colher (chá) de páprica defumada

¼ de xícara (40 g) de amêndoas inteiras sem pele e torradas

¼ de xícara (25 g) de nozes torradas

12 tortilhas (17 cm de diâmetro)

40 g de rúcula baby

1 Cozinhe a batata-doce em água, no vapor ou no micro-ondas até que fique macia; escorra. Quando esfriar, descasque-a e corte-a em pedaços de 1,5 cm.

2 Leve ao liquidificador ou processador o azeite, a cebolinha, o cominho, o coentro em pó e o coentro fresco, a pimenta, as raspas e o suco de limão e a água. Bata até formar uma mistura homogênea. Passe a mistura para uma tigela pequena. Reserve.

3 Escorra o azeite dos tomates secos em uma tigela; reserve. Pique os tomates grosseiramente. Bata no processador os tomates, 2 colheres (sopa) do azeite reservado, o alho e a cebola em pó, a páprica, as amêndoas e as nozes até os ingredientes ficarem picados grosseiramente. Adicione 2 colheres (sopa) da mistura de coentro; bata no modo pulsar até ficar homogêneo.

4 Passe a mistura de tomate para uma frigideira grande; junte a batata-doce. Leve ao fogo brando e esquente por 5 minutos. Sirva a batata-doce sobre as tortilhas com a rúcula e o restante da mistura de coentro.

Rolinhos de bifum
E LEGUMES

PRÉ-PREPARO + COZIMENTO 45 MINUTOS **PARA** 4 PESSOAS

- 50 g de macarrão de arroz (bifum)
- 1 colher (sopa) de óleo de gergelim
- 200 g de cogumelos shiitake cortados em fatias finas
- 100 g de cogumelos enoki
- 3 xícaras (240 g) de acelga cortada em tiras bem finas
- 200 g de vagens cortadas em fatias finas
- 1 cenoura média (120 g) cortada em palitos finos
- 1 xícara (80 g) de brotos de feijão
- ⅓ de xícara (80 ml) de molho char siu (ver glossário)
- 2 colheres (sopa) de molho tamari ou de soja
- 2 colheres (sopa) de gergelim torrado
- 4 folhas de yuba (125 g) (ver dica)
- 1 colher (chá) de amido de milho

1 Coloque o macarrão em uma tigela refratária e cubra com água fervente; deixe descansar até o macarrão amolecer; escorra.

2 Esquente o óleo de gergelim em uma wok em fogo alto; sem parar de mexer, refogue os dois tipos de cogumelos por 2 minutos ou até ficarem dourados e macios. Junte a acelga, a vagem e a cenoura; refogue por 1 minuto ou até os ingredientes ficarem al dente. Acrescente o broto de feijão, o macarrão de arroz, 2 colheres (sopa) do molho char siu, metade do molho tamari (ou de soja) e metade do gergelim; refogue por 30 segundos, ou até a mistura esquentar. Escorra e reserve o líquido do cozimento.

3 Corte as folhas de yuba ao meio. Cubra com ½ xícara da mistura de legumes. Dobre a folha por cima do recheio, e feche o rolinho nas extremidades. Continue enrolando para fechar o recheio. Repita o processo com o restante da mistura de legumes e de folhas de yuba até formar 8 rolinhos.

4 Cozinhe os rolinhos no vapor em uma wok tampada com água fervendo, em fogo brando, por 10 minutos ou até o yuba ficar macio.

5 Enquanto isso, dilua o amido de milho e o líquido de cozimento reservado em uma panela pequena. Adicione o restante dos molhos char siu e tamari (ou de soja) e o gergelim. Leve a panela ao fogo médio/alto. Sem tampar, cozinhe a mistura por 5 minutos ou até ela levantar fervura e engrossar.

6 Sirva os rolinhos com o molho; se desejar salpique com mais gergelim na hora de servir.

dica As folhas de yuba são vendidas em lojas de produtos asiáticos. Caso não encontre, substitua por folhas de papel de arroz ou folhas de repolho. Cozinhe no vapor conforme indicado no modo de fazer.

IOGURTE VEGANO

PRÉ-PREPARO + COZIMENTO 5 MINUTOS **(+ DESCANSO) rende** 2½ XÍCARAS

Em uma tigela grande, coloque 1 xícara (150 g) de castanha de caju e 1 xícara (160 g) de amêndoas inteiras sem pele; cubra com água fria. Tampe e deixe descansar por 4 horas ou durante uma noite. Escorra e enxágue com água fria. Escorra. Bata as castanhas de caju e as amêndoas com 1 xícara (250 ml) de água até que forme um creme com consistência de iogurte.

MARACUJÁ

MORANGO

DICAS

Você pode fazer esse iogurte com outros tipos de oleaginosas; mas saiba que o sabor muda de acordo com a castanha usada.

Adicione o suco de 1 limão-siciliano ao iogurte, e verá que ele fica delicioso para uso em saladas, sopas e curries.

O iogurte vegano dura até 1 semana na geladeira.

MARACUJÁ

Prepare o iogurte vegano conforme as instruções da p. 210 e misture nele a polpa de 3 maracujás.

MORANGO

Prepare o iogurte vegano conforme as instruções da p. 210 usando 1 xícara (150 g) de castanha de caju e 1 xícara (120 g) de nozes-pecã. Bata 250 g de morango no liquidificador ou processador até ficar homogêneo. Junte o purê de morango ao iogurte fazendo um efeito de espiral.

Macarrão com abobrinha, TOFU E PESTO DE COENTRO

PRÉ-PREPARO + COZIMENTO 30 MINUTOS **PARA** 4 PESSOAS

¼ de xícara (60 ml) de azeite

250 g de tofu firme picado grosseiramente

250 g de miniabóboras cortadas em 4 pedaços

350 g de abobrinhas cortadas ao meio e picadas grosseiramente

2 colheres (chá) de gengibre ralado fino

2 dentes de alho amassados

1 colher (sopa) de molho de soja light

180 g de macarrão tipo soba (seco)

½ xícara (75 g) de castanha de caju torrada, picada grosseiramente

1 xícara de coentro fresco

PESTO DE COENTRO

1 xícara (150 g) de castanha de caju torrada

3 xícaras de coentro fresco

1 dente de alho amassado

2 colheres (chá) de raspas de casca de limão-siciliano

1 colher (sopa) de suco de limão-siciliano

1 pimenta dedo-de-moça verde sem sementes e cortada em fatias finas

½ xícara (125 ml) de azeite

1 Prepare o pesto de coentro.
2 Leve uma frigideira pequena ao fogo alto e aqueça 2 colheres (sopa) do azeite. Frite os pedaços de tofu por 3 minutos de cada lado ou até ficarem dourados. Retire da frigideira; mantenha-os aquecidos.
3 Esquente o restante do azeite na mesma frigideira; junte as miniabóboras e a abobrinha. Mexendo sempre, refogue-as por 5 minutos ou até dourarem e murcharem. Adicione o gengibre e o alho. Mexendo sempre, deixe refogar por 30 segundos ou até o refogado começar a soltar seu aroma. Junte o molho de soja e cozinhe por 1 minuto.
4 Cozinhe o macarrão em uma panela grande e destampada com água fervente e sal até que fique al dente; escorra. Devolva o macarrão à panela e acrescente o pesto; mexa para misturar bem.
5 Sirva o macarrão com o refogado de abobrinha e tofu; finalize com a castanha de caju e o coentro.
pesto de coentro Bata todos os ingredientes no processador ou liquidificador até ficar um molho homogêneo; tempere com sal a gosto.

dica Para esta receita, é necessário usar 3 maços de coentro.

Berinjela recheada de nozes e missô COM SALADA DE RABANETE

PRÉ-PREPARO + COZIMENTO 50 MINUTOS **PARA** 4 PESSOAS

4 berinjelas japonesas (370 g)

2 colheres (sopa) de azeite

½ xícara (60 g) de nozes bem picadas

½ xícara (85 g) de arroz basmati integral cozido

2 cebolinhas cortadas em fatias finas

1 dente de alho amassado

1 colher (sopa) de missô branco (shiro missô)

2 colheres (chá) de molho de soja

2 colheres (chá) de mirin (saquê culinário)

SALADA DE RABANETE

2 pepinos japoneses (260 g) cortados em fatias finas no sentido do comprimento

250 g de rabanetes sem os talos e cortados em fatias finas

2 cebolinhas cortadas em fatias finas

2 colheres (sopa) de vinagre de arroz

2 colheres (chá) de molho de soja

¼ de colher (chá) de óleo de gergelim

1 Preaqueça o forno a 180 °C. Forre uma assadeira rasa com papel-manteiga.
2 Corte as berinjelas ao meio no sentido do comprimento. Com o auxílio de uma faquinha afiada, faça um talho, formando uma borda com 5 mm de espessura. Retire a polpa, formando uma barquinha com a casca. Pique a polpa grosseiramente. Coloque as barquinhas de berinjela na assadeira.
3 Leve uma frigideira grande e antiaderente ao fogo alto. Esquente o azeite; sem parar de mexer, refogue a polpa picada de berinjela, as nozes, o arroz, a cebolinha e o alho por 5 minutos ou até a berinjela murchar. Acrescente o missô, o molho de soja e o mirin; sem parar de mexer, cozinhe por 30 segundos ou até a berinjela começar a ficar bem coberta com os temperos. Recheie as cascas de berinjela com essa mistura.
4 Asse-as por 25 minutos ou até ficarem macias e douradas.
5 Prepare a salada de rabanete.
6 Sirva a berinjela recheada com a salada de rabanete.
salada de rabanete Misture todos os ingredientes delicadamente em uma tigela média.

dica Você pode rechear as berinjelas com antecedência; cubra-as e conserve na geladeira até a hora de usar. Asse-as pouco antes de servir.

Tofu de grão-de-bico COM FEIJÃO-FRADINHO

PRÉ-PREPARO + COZIMENTO 1 HORA 30 MINUTOS
(+ DESCANSO E GELADEIRA) PARA 4 PESSOAS

Esta receita deve ser iniciada de véspera.

1½ xícara (300 g) de feijão-fradinho
1 colher (sopa) de azeite
1 cebola grande (200 g) bem picada
4 dentes de alho bem picados
4 colheres (chá) de gengibre ralado fino
2 colheres (sopa) de cominho em pó
1 colher (sopa) de páprica doce
½ colher de chá de pimenta-vermelha em pó (chili)
400 g de tomates pelados picados
1 xícara (250 ml) de leite de coco cremoso
2 colheres (chá) de açúcar
2 colheres (sopa) de suco de limão-siciliano
2 colheres (sopa) de azeite (extra)
⅓ de xícara (50 g) de castanha de caju torrada picada
1 pimenta verde cortada em fatias finas

"TOFU" DE GRÃO-DE-BICO

1 xícara (150 g) de farinha de grão-de-bico (besan)
2 colheres (chá) de cominho em pó
1 colher (chá) de cúrcuma em pó
1 colher (chá) de sal marinho
3 xícaras (750 ml) de água

1 Coloque o feijão-fradinho em uma tigela média e cubra com água fria; deixe descansar por 2 horas. Escorra. Passe em água fria e escorra. Leve o feijão-fradinho ao fogo em uma panela média com água fervente; deixe levantar fervura novamente. Reduza o fogo; ferva, em fogo brando, por 1 hora ou até o feijão amolecer. Escorra.
2 Prepare o "tofu" de grão-de-bico.
3 Leve uma panela grande ao fogo médio. Esquente o azeite e junte a cebola, o alho, o gengibre, o cominho, a páprica e a pimenta em pó. Mexendo sempre, refogue por 5 minutos ou até a cebola começar a murchar. Junte o feijão-fradinho cozido, os tomates, o leite de coco e o açúcar; mexendo de vez em quando, cozinhe por 15 minutos ou até o molho engrossar. Junte o suco de limão; tempere com sal a gosto.
4 Retire o "tofu" de grão-de-bico da panela e corte-o o em 8 retângulos. Leve uma frigideira grande e antiaderente ao fogo alto e aqueça o azeite extra. Frite o "tofu" por 1 minuto de cada lado ou até ficar dourado.
5 Sirva o tofu com a mistura de feijão-fradinho, castanha de caju e pimenta.

"tofu" de grão-de-bico Unte uma assadeira quadrada (19 cm) e forre com papel-manteiga. Misture a farinha, o cominho, a cúrcuma e o sal em uma tigela média. Adicione metade da água; com o auxílio de um garfo ou fouet, misture até formar uma massa lisa e homogênea. Leve o restante da água ao fogo alto, em uma panela média, e deixe levantar fervura. Acrescente a mistura de farinha; sem parar de mexer, cozinhe por 2 minutos ou até que fique uma massa espessa e com brilho. Coloque a massa na assadeira espalhando para que fique bem distribuída. Leve à geladeira por 2 horas ou até firmar.

Legumes ao missô com SALADA DE ARROZ ORIENTAL

PRÉ-PREPARO + COZIMENTO 30 MINUTOS **PARA** 4 PESSOAS

2 colheres (sopa) de óleo de gergelim

4 cogumelos eryngui cortados em 4 no sentido do comprimento

170 g de aspargos cortados ao meio no sentido do comprimento (retire a parte dura do talo)

6 cebolinhas cortadas em fatias finas

400 g cogumelos enoki

SALADA DE ARROZ ORIENTAL

¼ de xícara (55 g) de arroz para sushi

1 pimentão amarelo grande (350 g) cortado em fatias finas

1 pimentão vermelho grande (350 g) cortado em fatias finas

½ xícara de coentro fresco

½ xícara de hortelã fresca

1 xícara (100 g) de broto de feijão

2 colheres (sopa) de gergelim torrado

MOLHO DE MISSÔ

¼ de xícara (60 g) de missô branco (shiro missô)

¼ de xícara (60 ml) de vinagre de arroz

1 colher (sopa) de xarope de bordo (maple syrup)

1 colher (chá) de gengibre em conserva bem picado

1 colher (sopa) de água da conserva do gengibre

½ colher (chá) de pimenta calabresa em flocos

1 Prepare a salada de arroz oriental.
2 Prepare o molho de missô.
3 Leve uma wok ao fogo médio para esquentar. Coloque na wok o óleo de gergelim e os cogumelos eryngui; refogue por 5 minutos. Passe-os para uma assadeira. Refogue os aspargos e as cebolinhas por 2 minutos; passe-os para a assadeira. Refogue os cogumelos enoki por 30 segundos ou até esquentarem; passe-os para a assadeira.
4 Sirva os legumes com o molho de missô e a salada.

salada de arroz oriental Leve uma frigideira grande ao fogo médio; junte o arroz; sem parar de mexer, deixe 4 minutos no fogo ou até que fique dourado e tostado. Triture o arroz tostado no pilão até formar um pó fino. Passe o pó de arroz para uma tigela média com os demais ingredientes; mexa para misturar.

molho de missô Misture todos os ingredientes em uma tigela pequena; tempere com sal a gosto.

Brócolis e aspargos
COM IOGURTE VEGANO

PRÉ-PREPARO + COZIMENTO 25 MINUTOS **PARA** 2 PESSOAS

- ½ xícara (80 g) de amêndoas inteiras sem pele
- 1 colher (chá) de azeite
- 1 colher (chá) de páprica doce
- 200 g de brócolis
- 340 g de aspargos (retire a parte dura do talo)
- 40 g de folhas de minibeterraba (ver dicas)
- ½ xícara de hortelã fresca
- ½ xícara (110 g) de iogurte vegano (ver receita na p. 210)

MOLHO DE ALHO E PIMENTA

- ¼ de xícara (60 ml) de azeite
- 2 dentes de alho cortados em fatias finas
- 1 pimenta dedo-de-moça vermelha sem sementes cortada em fatias finas
- 1 colher (chá) de gengibre bem picado
- 1 colher (chá) de sementes de coentro trituradas
- 2 colheres (sopa) de vinagre de vinho tinto

1 Preaqueça o forno a 180 °C. Forre uma assadeira com papel-manteiga.
2 Espalhe as amêndoas na assadeira; regue com o azeite e salpique com a páprica. Misture bem; tempere com sal a gosto. Leve ao forno e asse por 8 minutos ou até que fiquem douradas; reserve para esfriar. Pique grosseiramente.
3 Prepare o molho de alho e pimenta.
4 Cozinhe os brócolis e os aspargos em água, no vapor ou no micro-ondas até que fiquem macios; escorra. Passe em água fria e escorra.
5 Sirva os brócolis e o aspargo com as folhas de minibeterraba, hortelã e amêndoas picadas; regue com o molho de alho e pimenta e sirva com uma boa colherada de iogurte.
molho de alho e pimenta Leve uma frigideira pequena ao fogo brando e esquente o azeite; mexendo sempre, frite o alho, a pimenta, o gengibre e as sementes de coentro por 1 minuto ou até que soltem seus aromas. Retire do fogo e junte o vinagre.

dicas Use 1 maço de brócolis e 2 de aspargos para esta receita. As folhas de minibeterraba podem ser encontradas em bons hortifrútis e feiras. Caso não ache, substitua por espinafre baby. Dá para preparar quantidades grandes de amêndoas com páprica e conservá-las em pote hermeticamente fechado por até 2 semanas. Use-as em saladas ou como aperitivo.

HORTALIÇAS *de talo comestível*

Brócolis Os talos mais grossos também são comestíveis. Retire a membrana externa dos talos com o auxílio de um descascador. Cozinhe-os um pouco mais que os buquês.

Couve-flor Prepare os talos da mesma forma que os de brócolis.

Folhas de beterraba Os talos são a melhor parte. Cozinhe-os um pouco mais que as folhas para acentuar seu sabor adocicado.

AGRIÃO ENCABEÇA A LISTA DE SUPERALIMENTOS

O agrião contém vários nutrientes. É rico em vitamina K – 1 xícara dá conta da ingestão diária necessária. Rico em vários carotenoides, é também excelente para a saúde dos olhos. Apresenta bons níveis de vitaminas do complexo B e, entre os alimentos de origem vegetal, se destaca pelo teor de cálcio. Tanto folhas quanto talos são comestíveis, embora as folhas tenham um sabor mais picante, semelhante ao da mostarda. Vá além das saladas; use o agrião em pestos ou refogado com outras verduras.

SABENDO USAR *não vai faltar*

DICA ESPERTA
USE AS FOLHAS E OS TALOS DAS HORTALIÇAS

Dicas para incrementar a salada

MISSÔ + VINAGRE DE ARROZ + óleo de gergelim não refinado + raspas de casca de laranja + gengibre ralado = delicioso molho asiático

ÓLEO DE LINHAÇA PRENSADO A FRIO (rico em ômega-6 e 3) + azeite extra virgem + suco e raspas de limão-siciliano + endro + mel + sementes de coentro trituradas = delicioso molho para saladas de leguminosas e brotos

As sementes são ricas em nutrientes valiosos para os vegetarianos. Tenha uma mistura de sementes para usar no café da manhã com frutas ou iogurte (tradicional ou vegano) e uma para saladas e pratos salgados.

DUKKAH: SABOR DO EGITO

COM UM POUCO DE OLEAGINOSAS E ALGUMAS ESPECIARIAS VOCÊ PODE FAZER DUKKAH, A MARAVILHOSA MISTURA DE SEMENTES, OLEAGINOSAS E ESPECIARIAS TÍPICA DO NORTE DA ÁFRICA. COMECE TOSTANDO OLEAGINOSAS (MENOS AMENDOIM) E TRITURANDO-AS NO PILÃO. EM UMA FRIGIDEIRA SEM ÓLEO, TOSTE SEMENTES DE COMINHO, COENTRO E ERVA-DOCE (VOCÊ PODE USAR TODAS OU ALGUMAS) E TRITURE NO PILÃO. MISTURE AS OLEAGINOSAS TRITURADAS COM AS ESPECIARIAS. O DUKKAH FICA DELICIOSO COM PRATICAMENTE TUDO.

Gengibre CAI BEM COM...

Mingau com canela e cardamomo.

Arroz integral cozido em conserva de vinagre de maçã, mel e um pouco de sal.

Sopa de abóbora e pimentão assados.

COMA *cru*

ASPARGO Com o auxílio de um descascador, corte tiras finas de aspargos e faça uma salada temperada com pimenta dedo-de--moça e molho de limão.

BETERRABA Pode ser consumida ralada, em lascas finas ou sucos. Outra opção é servi-la em conserva, acompanhada de maçã ou laranja.

BRÓCOLIS Pique e misture com azeite, mel, cascas de limão-siciliano confitado e sementes de coentro.

COUVE-DE-BRUXELAS Corte e sirva como salada com sementes de girassol e molho de romã.

COUVE-FLOR Sirva bem picada, em lascas ou em forma de picles.

RABANETE Sirva ralado ou cortado em palitos misturado com maionese vegana; é boa opção de acompanhamento ou recheio de sanduíche.

NABO Sirva ralado ou em tiras em um salpicão ou salada.

Barrinhas de chocolate
COM COCO E CEREJA

PRÉ-PREPARO + COZIMENTO 30 MINUTOS
(+ GELADEIRA E FREEZER) RENDE 16 BARRINHAS

200 g de chocolate vegano meio amargo (ver dica) picado grosseiramente

1 xícara (150 g) de cerejas desidratadas bem picadas

3 xícaras (240 g) de coco ralado seco

½ xícara (125 ml) de xarope de malte de arroz ou melado de cana

1 colher (chá) de essência de baunilha

⅓ de xícara (80 ml) de óleo de coco

1 Forre o fundo e as laterais de uma assadeira (18 cm x 28 cm) com papel-manteiga.
2 Coloque metade do chocolate em uma tigela pequena refratária apoiada sobre uma panela de água fervente, para fazer o banho-maria (não deixe que a água encoste na tigela); mexa o chocolate apenas até derreter. Despeje na assadeira forrada, espalhando para cobrir o fundo. Leve à geladeira por 15 minutos ou até endurecer. Deixe a água continuar fervendo em fogo brando; retire a tigela do fogo.
3 Misture as cerejas e o coco em uma tigela grande. Acrescente o xarope de arroz, a essência de baunilha e o óleo de coco e misture até ficar homogêneo. Coloque sobre o chocolate da assadeira e aperte firmemente formando uma camada reta.
4 Devolva a panela de água ao fogo médio. Coloque o restante do chocolate na tigela refratária e volte ao banho-maria; mexa apenas até derreter. Despeje o chocolate derretido sobre a camada de coco e cereja, espalhando com o auxílio de uma espátula. Leve ao freezer por 1 hora ou até firmar (você também pode levar à geladeira por 3 horas ou até firmar). Corte em barrinhas e sirva.

dicas O chocolate vegano pode ser encontrado em lojas de produtos naturais. O xarope de malte de arroz também é conhecido como mel vegano.

Bolinhos de coco, MANGA, PIMENTA E LIMÃO

PRÉ-PREPARO + COZIMENTO 50 MINUTOS **PARA** 4 PESSOAS

- 1 coco verde (1,2 kg)
- 2 bananas médias (400 g) amassadas
- ¼ de xícara (60 ml) de leite de coco cremoso
- ⅔ de xícara (100 g) de farinha de trigo
- 1 colher (sopa) de fermento químico em pó
- ¾ de xícara (60 g) de coco ralado
- 2½ colheres (sopa) de xarope de agave ou néctar de coco
- óleo para fritar
- 1½ colher (sopa) de raspas de casca de limão
- 2 colheres (sopa) de suco de limão
- 1 manga média (430 g) cortada em fatias finas
- 1 pimenta dedo-de-moça vermelha sem sementes cortada em fatias finas

1 Usando uma faquinha afiada, fure a parte mole do coco e gire a faca. Vire o coco sobre um copo e recolha sua água (reserve-a para outro uso). Enrole o coco em um pano de prato limpo e quebre-o com um martelo ou jogando-o no chão. Com o auxílio de uma colher, retire a polpa mole; o coco deve render ½ xícara (90 g) de polpa. Corte a polpa em fatias finas.
2 Em uma tigela grande, misture a polpa de coco, a banana, o leite de coco, ½ xícara de farinha, o fermento, ¼ de xícara do coco ralado e 2 colheres (chá) de agave.
3 Misture o restante da farinha e do coco ralado em uma tigela média. Forme bolinhos com a massa de coco. Use 1 colher de sopa como medida para os bolinhos. Empane os bolinhos na mistura de farinha.
4 Preencha ⅓ de uma wok com óleo e esquente até atingir a temperatura de 160 °C (faça um teste: jogue um pedaço de miolo de pão no óleo. Para saber se o óleo está bom, veja se o miolo doura em 25 a 30 segundos). Frite os bolinhos em imersão, aos poucos, por 2min30seg ou até cozinharem e dourarem por completo. Escorra em papel-toalha.
5 Em uma tigela pequena, misture as raspas e o suco do limão e o restante do xarope de agave; acrescente a manga e a pimenta.
6 Sirva os bolinhos acompanhados da salada de manga e do xarope de agave restante.

Torta BANOFFEE

PRÉ-PREPARO + COZIMENTO 40 MINUTOS **(+ GELADEIRA) PARA** 8 PESSOAS

Esta receita deve ser iniciada de véspera.

¾ de xícara (90 g) de nozes-pecã

250 g de biscoitos doces veganos

½ xícara (115 g) de óleo de coco solidificado

1 colher (sopa) de cacau em pó

12 tâmaras (230 g) sem caroço

⅓ de xícara (50 g) de açúcar de coco

1 colher (sopa) de água

1 colher (sopa) de amido de milho

270 ml de leite de coco cremoso

1 colher (chá) de essência de baunilha

3 bananas médias (600 g)

300 g de tofu macio

2 colheres (sopa) de xarope de bordo (maple syrup)

½ colher (chá) de canela em pó

1 Coloque as nozes em uma tigela pequena e cubra com água fria. Deixe descansar por 1 hora. Escorra em seguida.

2 Bata no processador os biscoitos, o óleo de coco, o cacau e metade das tâmaras até formar uma farofa e a mistura formar uma massa. Aperte essa massa no fundo e nas laterais de uma fôrma de torta (24 cm) untada. Leve à geladeira até a hora de usar.

3 Leve o açúcar de coco e a água ao fogo brando em uma panela pequena e mexa até o açúcar se dissolver. Deixe levantar fervura; ferva por 3 minutos ou até a mistura reduzir um pouco e começar a formar uma calda.

4 Em uma tigela pequena, dissolva o amido de milho no leite de coco. Aos poucos, vá juntando essa mistura na calda de açúcar até ficar bem homogênea; mexendo sempre, cozinhe a calda por 10 minutos ou até ela ferver e engrossar.

5 Leve ao liquidificador as nozes-pecã, a calda quente de coco, as tâmaras restantes, a essência de baunilha e 1 banana. Bata até formar uma mistura bem lisa. Despeje essa mistura sobre a base da massa na fôrma; alise a superfície. Leve à geladeira por uma noite.

6 Bata o tofu, o xarope de bordo e a canela no liquidificador ou processador até formar uma mistura lisa.

7 Corte as bananas restantes em fatias finas na diagonal; arrume-as por cima da torta. Antes de servir, regue a torta com a calda.

dica Caso tenha um liquidificador potente, bata os ingredientes na velocidade 5 para obter cremes de consistência bem lisa.

Quadradinhos de gengibre COM COCO E AMÊNDOA

PREPARO 45 MINUTOS **(+ DESCANSO + GELADEIRA) RENDE** 16 QUADRADINHOS

Esta receita deve ser iniciada de véspera.

1½ xícara (225 g) de castanha de caju

1 coco verde (1,2 kg)

1½ xícara (240 g) de amêndoas inteiras

1 xícara (140 g) de tâmaras secas sem caroço picadas grosseiramente

½ xícara (40 g) de coco ralado

¾ de xícara (165 g) de gengibre cristalizado cortado em fatias finas

¾ de xícara (180 ml) de óleo de coco líquido

½ xícara (125 ml) de xarope de malte de arroz

2 colheres (sopa) de gengibre fresco ralado fino

½ xícara (125 ml) de leite de coco

1½ colher (chá) de essência de baunilha

2 colheres (sopa) de amêndoas torradas em lascas

1 Coloque a castanha de caju em uma tigela média e cubra com água fria. Deixe descansar por 1 hora. Escorra em seguida.
2 Forre o fundo e as laterais de uma fôrma quadrada (23 cm) com papel-manteiga, deixando sobras de 5 cm nas bordas do papel.
3 Usando uma faquinha afiada, fure a parte mole do coco e gire a faca. Vire o coco sobre um copo e recolha sua água. (Reserve-a para outro uso). Enrole o coco em um pano de prato limpo e quebre-o com um martelo ou jogando-o no chão. Com o auxílio de uma colher, retire a polpa mole; o coco deve render ½ xícara (90 g) de polpa.
4 Bata as castanhas de caju e as amêndoas inteiras no processador até ficarem bem picadas. Acrescente as tâmaras, o coco ralado, ¼ de xícara do gengibre cristalizado, ¼ de xícara do óleo de coco e 1 colher (sopa) do xarope de arroz; bata em modo pulsar até ficar uma massa homogênea. Pressione essa massa no fundo da assadeira. Leve à geladeira até a hora de usar.
5 Bata no liquidificador ou processador a polpa do coco verde, o gengibre fresco, o leite de coco, a essência de baunilha, o restante do óleo, o restante do xarope de arroz e ¼ de xícara do gengibre cristalizado até formar uma mistura lisa. Despeje essa mistura por cima da base de massa colocada na fôrma. Leve à geladeira por 1 noite.
6 Corte em quadradinhos; sirva-os com as amêndoas em lascas e o restante do gengibre cristalizado.

Sorvete de milho E FRAMBOESA

PRÉ-PREPARO + COZIMENTO 1 HORA 30 MINUTOS
(+ DESCANSO E FREEZER) RENDE 1 LITRO

Este saudável sorvete sem lácteos é à base de milho, o que lhe garante cremosidade e doçura naturais. Ele fica um pouco mais firme.

2 espigas de milho (500 g) limpas (sem cabelo e palha)

2¼ xícaras (560 ml) de leite de coco cremoso

2 xícaras (500 ml) de leite de amêndoas sem açúcar (ver receita na p. 170)

¼ de xícara (55 g) de açúcar

2 colheres (chá) de essência de baunilha

½ xícara (125 ml) de xarope de agave

1½ xícara (225 g) de framboesas frescas ou congeladas (descongele-as antes de usar)

CROCANTE DE MILHO

2 colheres (chá) de açúcar

1 colher (sopa) de xarope de agave

1 colher (sopa) de azeite

½ colher (chá) de essência de baunilha

2 xícaras (80 g) de cereal matinal de milho

1 Com o auxílio de uma faca afiada, retire os grãos de milho das espigas; reserve-as. Leve o milho, as espigas, os leites de coco e de amêndoas e o açúcar ao fogo médio/alto em uma panela grande. Deixe levantar fervura. Reduza o fogo; ferva em fogo brando por 5 minutos ou até o milho ficar macio. Deixe descansar por 1 hora.
2 Descarte as espigas. Bata a mistura da panela no liquidificador ou processador até ficar homogênea. Peneire e descarte a parte sólida. Junte a essência de baunilha e ⅓ de xícara do xarope de agave. Misture bem.
3 Passe essa mistura de milho para a sorveteira e bata seguindo as instruções do fabricante.
4 Bata as framboesas no liquidificador ou processador com o restante do xarope de agave até formar uma calda lisa. Quando o sorvete estiver quase congelado, junte a calda formando um efeito marmorizado; transfira o sorvete para um pote de 1 litro (4 xícaras). Deixe no freezer por 1 noite ou até firmar.
5 Prepare o crocante de milho.
6 Sirva o sorvete com o crocante de milho.
crocante de milho Preaqueça o forno a 150 °C. Forre uma assadeira com papel-manteiga. Leve o açúcar, o xarope de agave, o azeite e a essência de baunilha ao fogo brando, em uma panela pequena, e mexa até o açúcar se dissolver. Coloque o cereal de milho em uma tigela média. Junte essa mistura ao cereal e mexa para misturar. Espalhe sobre a assadeira. Asse por 25 minutos ou até dourar levemente. Deixe esfriar. Quebre em pedacinhos.

dicas Retire o sorvete do freezer de 15 a 30 minutos antes de servir para que amoleça um pouco. Você pode congelar o sorvete em fôrmas de picolé e passá-los no crocante de milho na hora de servir.

GLOSSÁRIO

AÇAFRÃO Vendido moído ou em pistilos, sua infusão com água quente dá uma cor amarelo-alaranjada às preparações. A qualidade varia muito. O melhor açafrão é o tempero mais caro do mundo.
ACELGA É um dos alimentos mais completos para a nutrição, pois possui grande quantidade de nutrientes. Embora possa ser encontrada durante o ano todo, o inverno é a época em que ela possui melhores valores nutricionais.
AÇÚCAR
cristal: por passar por um refinamento mais leve, tem cristais grandes e transparentes, difíceis de serem dissolvidos em água.
de coco: veja em Coco.
de confeiteiro: açúcar refinado moído bem fino.
de palma: obtido da seiva da palma. Sua cor varia de marrom escuro a preto. Geralmente é vendido em pedras; caso não encontre, substitua por açúcar mascavo.
mascavo: é o açúcar extraído depois do cozimento do caldo de cana, por isso, escuro e úmido. Por não passar pela etapa de refinamento, conserva o cálcio, o ferro e os sais minerais.
AGRIÃO Verdura de sabor picante. Altamente perecível, deve ser consumida o mais rápido possível após a compra. É riquíssimo em vitamina K, que é ótima para a saúde dos olhos, e excelente fonte de cálcio.
AIPO-RÁBANO (RAIZ DE SALSÃO) Raiz tuberosa, de casca marrom e nodosa, polpa branca e sabor de salsão. Para evitar que o aipo-rábano descascado escureça, mantenha-o em água misturada com algum ingrediente ácido. Pode ser ralado cru e adicionado a saladas, pode ser usado em cozidos, pode ser amassado e consumido como purê ou ainda consumido frito em fatias finas. Se não encontar, use nabo.
ALCARAVIA Semente seca pequena e em formato de meia-lua, da família da salsa; dá um sabor pungente de anis a pratos doces e salgados. Muito usada em alimentos como pão de centeio, na harissa e no queijo fresco clássico da culinária húngara, o liptauer.
AMÊNDOAS
branqueadas: sem a pele marrom.
fatiadas: cortadas em fatias bem finas.
laminadas: amêndoas cortadas em lâminas pequenas no sentido do comprimento.
moídas: também conhecidas como farinha de amêndoa, são amêndoas trituradas até formar um pó com textura de farinha.
AMIDO DE MILHO Serve como espessante para diversas preparações.
BATATA-DOCE É um dos vegetais mais nutritivos e versáteis que existe e pode ser encontrada facilmente durante todo o ano. É rica em inúmeros nutrientes e antioxidantes e tem muitos benefícios a oferecer à nossa saúde.
BERINJELA Originária da Índia, pertence à mesma família do pimentão. Existem vários tipos no Brasil, as mais conhecidas são a comum (preta), a japonesa (mais fina e comprida), a para conserva (pequena) e a rajada (de cor lilás rajada de branco).
BETERRABA Tubérculo redondo e firme de cor vermelha acentuada, tem sabor adocicado e possui vários benefícios para a saúde. Pode ser comida crua, grelhada, cozida ou assada.
BICARBONATO DE SÓDIO Usado como fermento de massas.
BRIOCHE De origem francesa, é um pão macio, de massa fermentada à base de manteiga e ovos. Vendido em padarias e bons supermercados.
BRÓCOLIS Verdura de cor verde-escura com talos e buquês comestíveis. Sua versão chinesa tem sabor mais suave e adocicado.
CACAU EM PÓ Também conhecido como cacau sem açúcar, é obtido do processamento no qual as sementes de cacau são fermentadas, torradas, descascadas, moídas em pó e desengorduradas quase que totalmente.
CANELA Vendida em pau ou moída, é uma das especiarias mais comuns no mundo todo.
CAPIM-LIMÃO Erva alta, de pontas afiadas, sabor e aroma de limão; bem picada, a parte branca do talo é usada em receitas. Também conhecido como capim-cidreira.
CARDAMOMO Especiaria nativa da Índia, é muito usada na culinária típica desse país; é vendida em forma de fava, de semente e em pó (moída). Tem sabor adocicado e aromático.
CEBOLINHA Também conhecida de forma equivocada como chalota. Trata-se de uma cebola não madura colhida antes de o bulbo se formar. Seu caule, comestível, é comprido e de cor verde viva.
CEVADA Grão nutritivo usado em sopas e cozidos.
cevada integral: é a menos processada, e rica em fibras.
cevadinha: é a cevada sem casca, cozida e polida, e de aspecto parecido com o de uma pérola.
CHOWDER sopa cremosa e espessa, normalmente preparada com frutos do mar.
COCO
açúcar de coco: não é obtido do coco, mas da seiva das flores do coqueiro. A seiva refinada tem aspecto semelhante ao do açúcar cru ou mascavo claro, e sabor parecido com o de caramelo. Ele também tem o mesmo teor energético do açúcar branco comum.
em flocos: polpa de coco desidratada em flocos.
leite de coco: líquido diluído obtido da segunda prensagem da polpa de coco maduro. Vendido em supermercados.
leite de coco cremoso: obtido da primeira prensagem de polpa de coco, sem adição de água. Vendido em lojas de produtos asiáticos e importadoras.
óleo de coco: extraído da polpa do coco, é isento das fibras, proteínas e carboidratos do coco integral. O de melhor qualidade é o óleo de coco virgem, obtido da polpa desidratada de coco sem o uso de solventes nem de processos de refinamento.
ralado fino: polpa de coco concentrada, desidratada, ralada e sem açúcar.
ralado grosso: polpa de coco desidratada ralada grosso.
COENTRO Folha verde-clara e sabor marcante. Os talos e as raízes do coentro também podem ser consumidos; lave-os bem

antes de utilizá-los. Também é encontrado em pó ou em forma de sementes, mas estes não substituem a erva fresca, já que o sabor é totalmente diferente.

COGUMELOS

cogumelo-de-paris: é o cogumelo mais cultivado e consumido no mundo. Tem a cabeça bem arredondada e "carnuda", com o talo curto.

cremini: é um cogumelo-de-paris amarronzado e de sabor mais pronunciado.

enoki: apresenta hastes finas, semelhantes a espaguete, com pequenas cabeças brancas.

eringui: cogumelo acinzentado parecido com um leque. Tem textura macia e sabor sutil de ostra.

porcini: é o cogumelo de sabor mais marcante. É caro, mas, por ter um sabor muito forte, é usado em pequenas quantidades.

portobello: é o cogumelo-de-paris maduro e totalmente aberto. É maior e mais saboroso.

shiitake: também é conhecido como cogumelo preto chinês, cogumelo da floresta e carvalho dourado; embora seja cultivado, tem o sabor rústico típico dos cogumelos silvestres.

COMINHO Especiaria com sabor picante e semelhante ao de nozes.

CONGEE Espécie de mingau de arroz de origem asiática, normalmente servido no café da manhã.

CREME DE LEITE AZEDO (SOUR CREAM) É um creme de leite pasteurizado que fica ácido por fermentação bacteriana láctica. Tem sabor marcante e ácido-azedo, por isso é conhecido em inglês como sour cream. É usado para enriquecer sopas e molhos e na confeitaria para bolos. Para fazer uma versão caseira, misture 1 colher (sopa) de suco de limão ou vinagre claro em 1 xícara (250 ml) de creme de leite fresco. Deixe descansar por pelo menos 30 minutos ou até 12 horas para um sabor mais ácido. Depois de pronto, guarde na geladeira até a hora de usar.

CREME DE LEITE FRESCO Isento de aditivos, seu teor mínimo de gordura é de 35%.

ERVA-DOCE Também conhecida como funcho, é uma hortaliça arredondada de cor branca a verde-clara e consistência firme e crocante. Seu diâmetro varia de 8 a 12 cm. O bulbo tem sabor levemente adocicado de anis, mas as folhas têm gosto bem mais forte. As sementes têm sabor de alcaçuz.

ESPINAFRE Com poucas calorias, mas repleto de nutrientes, sua versatilidade faz com que seja usado tanto em saladas quanto em pratos quentes, salgados, sopas, acompanhamentos ou ainda em vitaminas de frutas.

FARINHA

de arroz farinha finíssima, quase um pó. Obtida do arroz branco moído, não contém glúten. É usada em confeitaria como espessante e na culinária asiática como matéria-prima de macarrão e sobremesas. Outra variedade, produzida com o arroz glutinoso, é usada para produzir guiozas e papel de arroz.

de grão-de-bico (besan): de cor amarelo pálido, é uma farinha nutritiva.

de sementes e oleaginosas: mistura de linhaça, semente de girassol e amêndoas moídas.

de trigo com fermento: farinha de trigo comum peneirada com fermento em pó na proporção de 1 xícara de farinha para 2 colheres (chá) de fermento em pó.

de trigo integral: farinha de trigo integral mantém todos os componentes do grão de trigo, inclusive a casca e o germe.

de trigo refinada: farinha de trigo comum.

FEIJÃO

feijão-branco pode ser encontrado cru (seco) ou cozido (em conservas).

feijão-fradinho também conhecido como feijão-de-corda, tem elevado valor nutritivo, com alto índice proteico e energético.

feijão-preto fermentado apesar do nome, não é o feijão-preto utilizado na feijoada, mas um grão feito a partir da soja que foi seca e fermentada com sal.

feijão-vermelho de textura levemente porosa, tem sabor adocicado.

FERMENTO BIOLÓGICO Usado na produção de massas fermentadas. O fermento biológico seco instantâneo (vendido em saquinhos de 10 g) sempre pode ser substituído pelo fresco (vendido em tabletes de 30 g) e vice-versa.

FILÉS DE PEIXE DE CARNE BRANCA E FIRME Pargo, vermelho, bacalhau fresco, peixe-espada, pescadinha e cherne são boas opções. Procure espinhas pequenas e retire-as com o auxílio de uma pinça.

FOLHAS DE LIMÃO KAFFIR Também conhecido como bai magrood. As folhas, de um verde-escuro brilhoso, vêm coladas nas extremidades, com aspecto semelhante ao de uma ampulheta. Caso não encontre, substitua cada folha por uma tira de casca de limão.

FUBÁ Farinha obtida da moagem do milho, mas, diferente da farinha de milho, o fubá é moído e peneirado, por isso é utilizado também em bolos.

GAI LAN Também conhecido como brócolis chineses, gai larn, kanah, gai lum e couve chinesa; os talos são mais valorizados que as folhas, que são ásperas.

GENGIBRE EM CONSERVA De cor branca, rosa ou vermelha, vem em lascas finíssimas de gengibre conservado em uma mistura de vinagre, açúcar e corantes naturais. Pode ser encontrado em empórios asiáticos e bons supermercados.

GRÃO-DE-BICO Leguminosa de cor bege e superfície irregular. Cozido, mantém a textura firme; tem consistência porosa e sabor de castanhas. É vendido cozido (em conserva) ou cru (deixe-o de molho em água por muitas horas antes de utilizar).

HARISSA Pasta marroquina picante produzida com pimentas desidratadas, cominho, alho, óleo e sementes de alcaravia. Pode ser encontrada em empórios árabes, delicatessens e em bons supermercados.

IOGURTE GREGO Iogurte natural sorado em pano fino de algodão até ficar com consistência cremosa.

KECAP MANIS Molho de soja espesso com adição de açúcar e especiarias. Sua doçura se deve à adição de melado ou açúcar. Para fazer uma versão caseira, caramelize 1 xícara de açúcar mascavo com 2 colheres (sopa) de água. Junte 1 xícara de molho de soja, 1 colher (sopa) de capim-limão picado, 1 dente de alho picado e 1 anis-estrelado e mexa até ferver. Reduza para fogo baixo e cozinhe por 10 minutos até encorpar. Passe por uma peneira fina e espere esfriar. O molho fica com consistência de caramelo mole. Pode ser guardado em geladeira.

LEITELHO Seu nome em inglês (buttermilk) foi dado originalmente para designar o líquido levemente ácido obtido na produção de manteiga. Atualmente, é produzido com leite desnatado ou semidesnatado com adição de culturas de bactérias. Tem baixo teor de gordura e pode ser usado para deixar massas de pão e panquecas mais fofinhas. Para fazer em casa, misture ⅔ de xícara (160 ml) de iogurte desnatado e ⅓ de xícara (80 ml) de leite desnatado.

LENTILHA Leguminosa seca encontrada em várias cores diferentes.

LIMÃO-SICILIANO CONFITADO Especialidade do Norte da África produzida com limões-sicilianos cortados em quatro e conservados em sal grosso e suco de limão ou água. Para usá-lo, retire e descarte a polpa, esprema o suco da casca e lave bem; corte em tiras finas. Depois de aberto, conserve na geladeira.
MANTEIGA Use manteiga com ou sem sal; 200 g equivalem a um tablete.
MASSA DE WONTON, GUIOZA À base de farinha, ovos e água, fica nas geladeiras ou freezers de lojas e empórios de produtos asiáticos. A massa de guioza pode ser encontrada em diversas espessuras e formatos.
MELADO DE ROMÃ Não confundir com o xarope de romã. O melado de romã é mais espesso, mais escuro e tem sabor mais concentrado – seu gosto é azedo, pungente e levemente doce e frutado. Pode ser encontrado em empórios árabes, delicatessens e bons supermercados.
MIRIN Vinho japonês de uso culinário, da cor de champanhe, produzido à base de arroz glutinoso. É usado apenas para fins culinários. Não confunda com saquê.
MISSÔ BRANCO (SHIRO MISSÔ) Famosa pasta japonesa produzida à base de soja fermentada, arroz, centeio ou cevada. Pode variar em termos de cor, textura e teor de sal. Encontrado em bons supermercados.
MOLHO CHAR SIU Molho barbecue chinês à base de açúcar, água, sal, pasta de soja fermentada, mel, molho de soja, xarope de malte e especiarias. É vendido em lojas de produtos asiáticos.
MOLHO CREMOSO DE RAIZ-FORTE (HORSERADISH SOURCE) Molho cremoso à base de raiz-forte ralada, vinagre, óleo e açúcar.
MOLHO DE PEIXE Também conhecido como nam pla ou nuoc nam, é produzido com peixes fermentados e salgados em pó, principalmente a anchova. Como tem cheiro e sabor muito fortes, use em pequenas quantidades.
MOLHO DE SOJA Obtido de grãos fermentados de soja. Há inúmeras variações disponíveis no mercado. Nas receitas do livro, usamos molho de soja japonês, salvo quando especificado.
MOLHO HOISIN Pasta chinesa espessa e agridoce produzida à base de soja fermentada, cebola e alho.
ÓLEO
de amendoim: obtido da prensagem de amendoim moído; é amplamente usado em pratos asiáticos por causa de seu alto ponto de fumaça (capacidade de suportar o calor sem queimar).
azeite: óleo obtido de azeitonas maduras. O azeite extra virgem é obtido da primeira prensagem das azeitonas; o virgem, da segunda prensagem. O chamado azeite "leve" refere-se ao sabor, e não ao teor de gordura.
de coco: veja em COCO.
de gergelim: usado mais como tempero do que para cocção.
para pincelar ou untar: nas receitas, usamos óleo de canola, mas você pode usar qualquer outro óleo vegetal de sua preferência.
PANKO (FARINHA DE ROSCA JAPONESA) Disponível em duas variedades: grossa e fina. Ambas as versões de panko têm textura mais leve que a farinha de rosca tradicional. São vendidas em lojas de produtos asiáticos e em bons supermercados.
PAPEL-MANTEIGA Possui cor leitosa e conta com uma leve transparência. Geralmente, é vendido em rolos e tem um acabamento de cera com propriedades que toleram o calor, ou seja, pode ser levado ao forno durante a preparação de receitas. Esse acabamento também evita que os alimentos grudem em fôrmas e assadeiras, facilitando sua retirada.
PÃO DE FERMENTAÇÃO NATURAL Pão com massa à base apenas de farinha, água, sal e fermento natural, que faz sua fermentação ser mais lenta e traz acidez ao pão. São chamados de sourdough em inglês e, no Brasil, são conhecidos como pães rústicos, como o italiano.
PÁPRICA Pimentão desidratado e moído; existem vários tipos de páprica, como a doce, a picante e a defumada.
PIMENTA
chipotle pimenta jalapeño desidratada e defumada. De sabor defumado intenso sem ser extremamente picante, a pimenta chipotle é enrugada e de cor marrom-escura.
dedo-de-moça em geral, quanto menor a pimenta, mais picante ela é. Para evitar queimaduras, use luvas ao manipular este tipo de pimenta. Uma forma de deixá-la menos ardida é retirar as sementes e as membranas.
jalapeño é uma pimenta relativamente picante, rechonchuda, de tamanho médio e cor verde-escura; é vendida em conserva (potes ou garrafas) e fresca (em hortifrútis).
pimenta-da-jamaica seu sabor lembra uma mistura de noz-moscada, cominho, cravo-da-índia e canela. É vendida em grãos ou moída.
PIMENTÃO Pode ser encontrado com várias cores: vermelho, verde, amarelo, laranja e roxo-escuro. Retire as sementes e as membranas antes de utilizá-lo na receita.
PÓ DAS CINCO ESPECIARIAS CHINESAS Mistura perfumada de canela, cravo-da-índia, anis-estrelado, pimenta sichuan e erva-doce. É vendido em lojas de produtos asiáticos e bons supermercados.
PRESUNTO CRU Presunto italiano não defumado; passa por salga, cura ao ar e envelhecimento.
QUEIJO
de cabra: à base de leite de cabra, tem sabor forte e rústico; é vendido em versões de textura mole ou firme, formatos e tamanhos variados, podendo até ser coberto de cinzas ou ervas.
coalho: produzido por fermentação e coagulação, tradicionalmente fabricado e amplamente consumido na região Nordeste do Brasil.
cottage: queijo branco, macio, feito com leite desnatado e de gosto suave.
feta: de origem grega, pode ser à base de leite de cabra ou ovelha; tem textura quebradiça, sabor pungente e bem salgado. É maturado e conservado em soro de leite salgado.
haloumi: à base de leite de ovelha, esse queijo é firme e tem cor de creme; maturado em salmoura, o haloumi pode ser grelhado ou frito rapidamente sem perder o formato. O ideal é que seja consumido ainda quente, pois tende a ficar borrachudo depois de esfriar. Caso não encontre, substitua por queijo coalho.
manchego: queijo espanhol semifirme à base de leite de ovelha. Pode ser encontrado em delicatessens e bons supermercados. Caso não encontre, substitua-o por queijo parmesão ou pecorino.
mozarela: queijo macio de massa filada; criado no sul da Itália, onde era originalmente produzido com leite de búfala. Atualmente a maioria da mozarela produzida é à base de leite de vaca. É o queijo mais usado em pizzas por causa de sua elasticidade e baixo ponto de derretimento sob aquecimento.
parmesão: também conhecido como parmigiano, é um queijo italiano duro, de textura granulada, à base de leite de vaca. A variedade Reggiano é a melhor.

pecorino: nome italiano genérico para queijos de leite de ovelha; é duro e tem cor amarelo-clara. Caso não encontre, substitua por parmesão.
ricota: queijo branco, macio e úmido de leite de vaca; tem baixo teor de gordura e textura levemente granulada. Grosso modo, ricota significa "cozido mais uma vez", em uma referência à fabricação da ricota a partir do soro de leite, subproduto da produção de outros queijos.
QUINOA Sem glúten, é um grão de sabor delicado, levemente acastanhado e consistência firme.
ROMÃ Fruta vermelho-escura, de casca dura do tamanho aproximado de uma laranja. Contém centenas de sementes, cada uma envolvida por polpa comestível, de sabor agridoce.
SEMOLINA Farinha grossa obtida do trigo duro; é a farinha usada para preparo de nhoque, massas e cuscuz marroquino.
SRIRACHA é um molho de pimenta médio/forte encontrado em bons supermercados e empórios de produtos asiáticos.
SUMAGRE especiaria de cor púrpura e sabor adstringente obtida da moagem dos frutos de um arbusto mediterrâneo. Confere um sabor ácido e cítrico às preparações. Encontrado em bons supermercados.
TAHINE pasta cremosa de gergelim.
TAMARI Molho de soja escuro e espesso produzido principalmente de grãos de soja, mas sem trigo, como a maioria dos molhos de soja tradicionais.
TOFU Também conhecido como queijo de soja, é um produto leitoso e cremoso obtido do leite de grãos de soja triturados. É vendido nas versões macia ou firme e também em forma de folhas fritas ou desidratadas. O tofu fresco pode ser conservado na geladeira dentro de um pote com água (troque-a todos os dias) por até 4 dias.
TORRAR/TOSTAR Coco ralado seco, pignoli e gergelim tostam mais uniformemente se forem levados ao fogo brando em frigideira de fundo grosso. Não pare de mexer; seus óleos naturais vão ajudar a dourá-los. Retire imediatamente da frigideira. Oleaginosas e coco seco podem ser torrados no forno para liberar seus óleos naturais. Espalhe-os bem na assadeira e leve para assar a 180 °C por cerca de 5 minutos.
TRIGO-SARRACENO Apesar do nome, o trigo-sarraceno não é trigo, mas uma fruta da mesma família do morango. Não contém glúten, é rico em proteínas e aminoácidos essenciais, e boa fonte de sais minerais e vitaminas do complexo B.
XAROPE DE AGAVE Obtido da planta agave, apresenta baixo índice glicêmico por causa de seu alto percentual de frutose, que, por sua vez, pode fazer mal à saúde quando ingerida em grandes quantidades.
XAROPE DE BORDO (MAPLE SYRUP) Destilado a partir da seiva da árvore de bordo, encontrada somente no Canadá e nos Estados Unidos. O xarope com aroma de bordo ou xaropes para panqueca não servem como substitutos para o produto natural.
XAROPE DE MALTE DE ARROZ Também conhecido como xarope de arroz integral ou xarope de arroz, é obtido com o cozimento da farinha de arroz integral com enzimas, que quebram o amido, transformando-o em açúcar. Depois, sua água é retirada.

MEDIDAS

Todas as medidas utilizadas neste livro, em xícaras e colheres, são com os ingredientes colocados de forma nivelada nesses utensílios.

A forma mais precisa de medir ingredientes secos é pesando-os. Ao medir líquidos, use um copo transparente de vidro ou plástico com as marcas de medição.

As medidas das fôrmas e assadeiras são aproximadas. O uso de assadeiras/fôrmas do mesmo formato e tamanho aproximado não deve afetar o resultado da receita. Medimos as fôrmas/assadeiras pela sua parte interna.

Usamos ovos grandes com peso médio de 60 g.

TEMPERATURA DO FORNO

As temperaturas indicadas neste livro servem para fornos convencionais; caso o seu seja de convecção, diminua a temperatura da receita entre 10 e 20 graus.

	°C (CELSIUS)
MUITO BAIXO	120
BAIXO	150
BAIXO PARA MÉDIO	160
MÉDIO	180
MÉDIO PARA ALTO	200
ALTO	220
MUITO ALTO	240

Índice

C contém carne ou frango
P contém peixe ou frutos do mar
V não contém carne de nenhum tipo, mas leva ovos e laticínios
VG não leva carnes, frutos do mar, laticínios nem ovos

A

abóbora
- abóbora com brócolis e cebola roxa, nhoque de 111 V
- abóbora e macarrão oriental, caldo de missô com 153 V
- abóbora e queijo feta, galette de 112 V
- abóbora assada, salada libanesa de 140 V

abobrinha
- abobrinha com tomate e queijo feta, espaguete de 150 V
- abobrinha e cogumelo, bolinhos de arroz com 123 V
- abobrinha, feijão e milho, enchiladas de 100 V
- abobrinha, pizza de couve-flor com mozarela e 103 V
- abobrinha, tofu e pesto de coentro, macarrão com 212 VG
- salpicão e abobrinha empanada, wraps de 166 V

acelga com salada de pimentão, omelete de 178 V
acelga e couve, spanakopitas de 144 V
almôndega de berinjela, sanduíche de 136 V
almôndegas de ricota, sopa de macarrão com 39 C
amêndoa, bolinhos de camarão, ervilha, estragão e 67 P
amêndoa, quadradinhos de gengibre, coco e 230 VG
amendoim, salada de tofu defumado com molho de 190 V

arroz
- arroz com abobrinha e cogumelo, bolinhos de 123 V
- arroz e verduras, salada de 161 V
- arroz integral com alho frito, congee de 10 C
- arroz oriental, legumes ao missô com salada de 219 VG
- atum e legumes, poke de 68 P

asiática no pote, sopa 154 V

assados
- painço e beterraba assada, salada de 204 VG
- cenoura assada, cuscuz de couve-flor com homus de 139 V
- legumes assados e polenta com queijo feta e manjericão 181 V
- milho assado com quinoa, chowder de 19 C
- tofu assado, sanduíche de 107 V
- truta assada, erva-doce e trigo-sarraceno, salada de 59 P

aspargos com iogurte vegano, brócolis e 220 VG
atum selado e quinoa, salada niçoise de 89 P

B

bacon
- bacon, bolinhos defumados de tomate e 47 C

banh mi de peixe com picles de legumes e maionese picante 74 P
barrinhas de chocolate com coco e cerveja 225 VG
banoffee, torta 229 VG

batata
- batata à moda chinesa, frango com 32 C
- batata e ervilha, curry cingalês de 158 V
- batata, canelone de espinafre, queijo e 128 V
- batata, pimentão e espinafre, fritada de 169 V

batata-doce
- batata-doce e tomate seco, tacos de 207 C
- batata-doce, ovo e peixe à moda de Querala, curry de 86 P
- batata-doce, presunto cru e mozarela defumada, falsa pizza de 48 C
- batata-doce, pastéis picantes de lentilha e 104 V

berinjela
- berinjela defumada, peixe à espanhola com 93 P
- berinjela recheada de nozes e missô com salada de rabanete 215 VG
- berinjela, ma po de tofu e 196 VG
- berinjela, presunto cru e queijo feta, salada de 27 C
- berinjela, sanduíche de almôndega de 136 V

beterraba assada, salada de painço e 204 VG
beterraba, laranja e lombo suíno, salada de 51 C

bolinhos
- arroz com abobrinha e cogumelo, bolinhos de 123 V
- camarão e curry vermelho, bolinhos de 60 P
- camarão, ervilha, estragão e amêndoa, bolinhos de 67 P
- coco, manga, pimenta e limão, bolinhos de 226 VG
- defumados de tomate e bacon, bolinhos 47 C
- borek de queijo e verduras 173 V

brócolis
- brócolis e aspargos com iogurte vegano 220 VG
- brócolis e aspargos, salada de frango ao missô com 23 C
- brócolis e cebola roxa, nhoque de abóbora com 111 V
- brócolis, mostarda e cheddar, pastel folhado de 182 V

C

caldo apimentado com mexilhão e triguilho 81 P
caldo de legumes 40-41 VG
caldo de missô com abóbora e macarrão oriental 153 V

camarão
- camarão ao gengibre picante, quinoa com 73 P
- camarão e curry vermelho, bolinhos de 60 P
- camarão à moda oriental, tofu com 82 P
- camarão, pasteizinhos de espinafre, feijão-branco e 78 P
- camarão com gremolata de pimenta, risoto de cevadinha e 77 P
- camarão, ervilha, estragão e amêndoa, bolinhos de 67 P

canelone de espinafre, queijo e batata 128 V
cebola caramelizada, presunto e queijo pecorino, strata de 31 C

cenoura
- cenoura assada, cuscuz de couve-flor com homus de 139 V
- cenoura e harissa com molho de iogurte e tahine, falafel de 120 V
- cenoura e lentilha com pesto de coentro, sopa de 203 VG
- cenoura e queijo de cabra, salada de grão-de-bico com 185 V
- cenoura e queijo feta, pizza de quinoa com 193 V

cevadinha e camarão com gremolata de pimenta, risoto de 77 P
ceviche de cavala e picles de rabanete, tacos de 56 P
cheddar, pastel folhado de brócolis, mostarda e 182 V
chili de feijão com chimichurri 119 V
chinesa, frango com batata à moda 32 C
chips crocantes de legumes 130-131 V
chocolate com coco e cereja, barrinhas de 225 VG
chowder de milho assado com quinoa 19 C
cingalês de batata e ervilha, curry 158 V
coalhada seca e salada de tomate picante, espetinhos de peixe com 97 P

coco
- coco e amêndoa, quadradinhos de gengibre com 230 VG
- coco e cereja, barrinhas de chocolate com 225 VG
- coco e cúrcuma, panqueca vietnamita de 200 VG
- coco picante, frango com macarrão oriental em água de 43 C
- coco, manga, pimenta e limão, bolinhos de 226 VG

cogumelo, bolinhos de arroz com abobrinha e 123 V
cogumelo, nhoque de semolina com ragu de 127 V
cogumelos, sálvia e trigo-sarraceno, risoto de 135 V

- congee de arroz integral com alho frito 10 C
- couve
  - couve crocante e frango grelhado, salada de 24 C
  - couve e nozes, tartelettes de 132 V
  - couve, salada caesar de 13 C
  - couve, spanakopitas de acelga e 144 V
- couve-flor com homus de cenoura assada, cuscuz de 139 V
- couve-flor com mozarela e abobrinha, pizza de 103 V
- couves de forno com molho de tahine 174 V
- cozido de grão-de-bico, chorizo e pignoli 28 C
- curries
  - batata-doce, ovo e peixe à moda de Querala, curry de 86 P
  - cingalês de batata e ervilha, curry 158 V
  - tailandês de legumes, curry 116 V
- cuscuz de couve-flor com homus de cenoura assada 139 V

D

- defumado com molho de amendoim, salada de tofu 190 V
- defumados de tomate e bacon, bolinhos 47 C

E

- empanado com salada de melancia e jalapeño, peixe 64 P
- enchiladas de abobrinha, feijão e milho 100 V
- enroladinhos de lentilha com salada de tomate 162 V
- ervilha, curry cingalês de batata e 158 V
- ervilha, estragão e amêndoa, bolinhos de camarão 67 P
- espaguete de abobrinha com tomate e queijo feta 150 V
- espanhola com berinjela defumada, peixe à 93 P
- espetinhos de peixe com coalhada seca e salada de tomate picante 97 P
- espinafre, feijão-branco e camarão, pasteizinhos de 78 P
- espinafre, fritada de batata, pimentão e 169 V
- espinafre, queijo e batata, canelone de 128 V

F

- falafel de cenoura e harissa com molho de iogurte e tahine 120 V
- fattoush com lula grelhada 63 P
- feijão-branco e camarão, pasteizinhos de espinafre, 78 P
- feijão com chimichurri, chili de 119 V
- feijão e milho, enchiladas de abobrinha, 100 V
- feijão-fradinho, tofu de grão-de-bico com 216 VG
- framboesa, sorvete de milho e 233 VG
- frango
  - frango ao missô com brócolis e aspargos, salada de 23 C
  - frango ao tomilho e limão com molho de alcaparrone 52 C
  - frango com batata à moda chinesa 32 C
  - frango com macarrão oriental em água de coco picante 43 C
  - frango empanado e salpicão de maçã, sanduíches de 14 C
  - frango grelhado, salada de couve crocante e 24 C
  - frango, pastilla de 36 C
  - frango, torta verdejante de 35 C
  - salada caprese de pêssego com espetinhos de frango 44 C
- fritada de batata, pimentão e espinafre 169 V

G

- galette de abóbora e queijo feta 112 V
- gengibre com coco e amêndoa, quadradinhos de 230 VG
- gengibre picante, quinoa com camarão ao 73 P
- grão-de-bico
  - grão-de-bico com cenoura e queijo de cabra, salada de 185 V
  - grão-de-bico, shakshuka com 189 V
  - grão-de-bico com feijão-fradinho, tofu de 216 VG
  - grão-de-bico, chorizo e pignoli, cozido de 28 C
- guioza de verduras com molho de soja e pimenta 199 VG

H

- hambúrguer verde de peru 20 C

I

- iogurte vegano, brócolis e aspargos com 220 VG

J

- japonesas, panquecas 147 V

L

- legumes
  - legumes, rolinhos de bifum e 208 VG
  - legumes, chips crocantes de 130-31 VG
  - legumes, caldo de 40-1 VG
  - legumes, pizza de 108 V
  - legumes, poke de atum e 68 P
  - legumes ao missô com salada de arroz oriental 219 VG
  - legumes assados e polenta com queijo feta e majericão 181 V
  - legumes, curry tailandês de 116 V
  - legumes e maionese picante, banh mi de peixe com picles de 74 P
- leites vegetais 170-71 VG
- lentilha com pesto de coentro, sopa de cenoura e 203 VG
- lentilha com salada de tomate, enroladinhos de 162 V
- lentilha e batata-doce, pastéis picantes de 104 V
- libanesa de abóbora assada, salada 140 V
- limão, bolinhos de coco, manga, pimenta e 226 VG
- limão com molho de alcaparrone, frango ao tomilho e 52 C
- lombo suíno, salada de beterraba, laranja e 51 C
- lula grelhada, fattoush com 63 P

M

- maçã, sanduíches de frango empanado e salpicão de 14 C
- macarrão
  - macarrão com rabanete 157 V
  - macarrão com almôndegas de ricota, sopa de 39 C
  - macarrão oriental em água de coco picante, frango com 43 C
  - macarrão oriental, caldo de missô com abóbora e 153 V
  - macarrão com abobrinha, tofu e pesto de coentro 212 VG
- ma po de tofu e berinjela 196 VG
- maioneses veganas 84-85 VG
- mexilhão e triguilho, caldo apimentado com 81 P
- milho assado com quinoa, chowder de 19 C
- milho e framboesa, sorvete de 233 VG
- missô com abóbora e macarrão oriental, caldo de 153 V
- missô com salada de rabanete, berinjela recheada de nozes e 215 VG
- missô com salada de arroz oriental, legumes ao 219 VG
- mostarda e cheddar, pastel folhado de brócolis 182 V

N

- nhoque de abóbora com brócolis e cebola roxa 111 V
- nhoque de semolina com ragu de cogumelo 127 V
- nozes e missô com salada de rabanete, berinjela recheada de 215 VG
- nozes, tartelettes de couve e 132 V

O

- omelete de acelga com salada de pimentão 178 V
- oriental, tofu com camarão à moda 82 P
- ovo e peixe à moda de Querala, curry de batata-doce 86 P
- ovos ao gergelim, quinoa verde com 186 V

P

- panqueca vietnamita de coco e cúrcuma 200 VG
- panquecas japonesas 147 V
- pasteizinhos de espinafre, feijão-branco e camarão 78 P
- pastel folhado de brócolis, mostarda e cheddar 182 V
- pastilla de frango 36 C
- peixe
  - peixe empanado com salada de melancia e jalapeño 64 P
  - peixe com picles de legumes e maionese picante, banh mi de 74 P
  - peixe com coalhada seca e salada de tomate picante, espetinhos de 97 P
  - peixe à espanhola com berinjela defumada 93 P
  - peixe com cúrcuma à moda vietnamita 90 P
  - peixe à moda de Querala, curry de batata-doce, ovo e 86 P
- peru, hambúrguer verde de 20 C

- pêssego com espetinhos de frango, salada caprese de 44 C
- pesto de coentro, macarrão com abobrinha, tofu e 212 VG
- picantes
  - sushi picante de salmão e grãos 94 P
  - gengibre picante, quinoa com camarão ao 73 P
  - água de coco picante, frango com macarrão oriental em 43 C
  - maionese picante, banh mi de peixe com picles de legumes e 74 P
  - pastéis picantes de lentilha e batata-doce 104 V
  - pilaf picante de tomate e tofu 177 V
  - salada de tomate picante, espetinhos de peixe com coalhada seca e 97 P
- pilaf picante de tomate e tofu 177 V
- pimenta, guioza de verduras com molho de soja e 199 VG
- pimenta e limão, bolinhos de coco, manga, 226 VG
- pimentão, omelete de acelga com salada de 178 V
- pimentão e espinafre, fritada de batata 169 V
- pizza de batata-doce, presunto cru e mozarela defumada, falsa 48 C
- pizza de couve-flor com mozarela e abobrinha 103 V
- pizza de legumes 108 V
- poke de atum e legumes 68 P
- polenta com queijo feta e manjericão, legumes assados e 181 V
- pote, sopa asiática no 154 V

Q

- quadradinhos de gengibre com coco e amêndoa 230 VG
- queijo com molho verde, ravióli crocante de 124 V
- queijo e batata, canelone de espinafre 128 V
- queijo de cabra, salada de grão-de-bico com cenoura e 185 V
- queijo e verduras, borek de 173 V
- queijo feta e manjericão, legumes assados e polenta com 181 V
- quinoa
  - quinoa com camarão ao gengibre picante 73 P
  - quinoa verde com ovos e gergelim 186 V
  - quinoa, salada niçoise de atum selado e 89 P
  - quinoa, chowder de milho assado com 19 C
  - pizza de, com cenoura e queijo feta 193 V

R

- rabanete, macarrão com 157 V
- ravióli crocante de queijo com molho verde 124 V
- risoto de cevadinha e camarão com gremolata de pimenta 77 P
- risoto de cogumelos, sálvia e trigo-sarraceno 135 V
- rolinhos de bifum e legumes 208 VG

S

- saladas
  - arroz e verduras, salada de 161 V
  - arroz oriental, legumes ao missô com salada de 219 VG
  - berinjela, presunto cru e queijo feta, salada de 27 C
  - beterraba, laranja e lombo suíno, salada de 51 C
  - caprese de pêssego com espetinhos de frango, salada 44 C
  - couve crocante e frango grelhado, salada de 24 C
  - couve, salada caesar de 13 C
  - frango ao missô com brócolis e aspargos, salada de 23 C
  - grão-de-bico com cenoura e queijo de cabra, salada de 185 V
  - libanesa de abóbora assada, salada 140 V
  - lula grelhada, fatoush com 63 P
  - niçoise de atum selado e quinoa, salada 89 P
  - painço e beterraba assada, salada de 204 VG
  - pimentão, omelete de acelga com salada de 178 V
  - poke de atum e legumes 68 P
  - rabanete, berinjela recheada de nozes e missô com salada de 215 VG
  - tofu defumado com molho de amendoim, salada de 190 V
  - tomate picante, espetinhos de peixe com coalhada seca e salada de 97 P
  - tomate, enroladinhos de lentilha com salada de 162 V
  - truta assada, erva-doce e trigo--sarraceno, salada de 59 P
- salmão e grãos, sushi picante de 94 P
- sálvia e trigo sarraceno, risoto de cogumelos, 135 V
- sanduíches
  - almôndega de berinjela, sanduíche de 136 V
  - frango empanado e salpicão de maçã, sanduíche de 14 C
  - tempeh, bruschetta de 143 V
  - tofu assado, sanduíche de 107 V
- semolina com ragu de cogumelo, nhoque de 127 V
- shakshuka com grão-de-bico 189 V
- sopas
  - asiática no pote, sopa 154 V
  - cenoura e lentilha com pesto de coentro, sopa de 203 VG
  - macarrão com almôndegas de ricota, sopa de 39 C
- sorvete de milho e framboesa 233 VG
- spanakopitas de acelga e couve 144 V
- strata de cebola caramelizada, presunto e queijo pecorino 31 C
- sushi picante de salmão e grãos 94 P

T

- tacos de batata-doce e tomate seco 207 C
- tacos de ceviche de cavala e picles de rabanete 56 P
- tahine, couves de forno com molho de 174 V
- tailandês de legumes, curry 116 V
- tartelletes de couve e nozes 132 V
- pastéis picantes de lentilha e batata-doce 104 V
- tempeh, bruschetta de 143 V
- tofu
  - tofu assado, sanduíche de 107 V
  - tofu com camarão à moda oriental 82 P
  - tofu de grão-de-bico com feijão--fradinho 216 VG
  - tofu defumado com molho de amendoim, salada de 190 V
  - tofu e berinjela, ma po de 196 VG
  - tofu e pesto de coentro, macarrão com abobrinha 212 VG
- tofu, pilaf picante de tomate e 177 V
- tomate
  - tomate e bacon, bolinhos defumados de 47 C
  - tomate e queijo feta, espaguete de abobrinha com 150 V
  - tomate e tofu, pilaf picante de 177 V
  - tomate picante, espetinhos de peixe com coalhada seca e salada de 97 P
  - tomate seco, tacos de batata-doce e 207 C
  - tomate, enroladinhos de lentilha com salada de 162 V
- tortas, pizzas e pastéis
  - abóbora e queijo feta, galette de 112 V
  - acelga e couve, spanakopitas de 144 V
  - banoffee, torta 229 VG
  - brócolis, mostarda e cheddar, pastel folhado de 182 V
  - pizza de quinoa com cenoura e queijo feta 193 V
  - couve e nozes, tartelettes de 132 V
  - picantes de lentilha e batata-doce, pastéis 104 V
  - verdejante de frango, torta 35 C
- triguilho, caldo apimentado com mexilhão e 81 P
- trigo-sarraceno, risoto de cogumelos, sálvia e 135 V

V

- vegana, maionese 84-5 VG
- vegano, iogurte 210-11 VG
- verde, ravióli crocante de queijo com molho 124 V
- verdejante de frango, torta 35 C
- verduras, borek de queijo e 173 V
- verduras com molho de soja e pimenta, guioza de 199 VG
- verduras, salada de arroz e 161 V
- vietnamita de coco e cúrcuma, panqueca 200 VG
- vietnamita, peixe com cúrcuma à moda 90 P

W

- wraps de salpicão e abobrinha empanada 166 V